首都经济贸易大学优质本科教材

非营利组织管理

（第二版）

王世强 著

首都经济贸易大学出版社
Capital University of Economics and Business Press
·北 京·

图书在版编目（CIP）数据

非营利组织管理/王世强著．—2版．—北京：首都经济贸易大学出版社，2023.9

ISBN 978-7-5638-3566-9

Ⅰ.①非…　Ⅱ.①王…　Ⅲ.①非营利组织—组织管理 Ⅳ.①C912.21

中国国家版本馆CIP数据核字（2023）第153052号

非营利组织管理（第二版）
Feiyingli Zuzhi Guanli
王世强　著

责任编辑　王　猛
封面设计　风得信·阿东 FondesyDesign
出版发行　首都经济贸易大学出版社
地　　址　北京市朝阳区红庙（邮编 100026）
电　　话　（010）65976483　65065761　65071505（传真）
网　　址　http://www.sjmcb.com
E-mail　publish@cueb.edu.cn
经　　销　全国新华书店
照　　排　北京砚祥志远激光照排技术有限公司
印　　刷　人民日报印务有限责任公司
成品尺寸　170毫米×240毫米　1/16
字　　数　233千字
印　　张　16.25
版　　次　2018年12月第1版　**2023年9月第2版**
2023年9月总第2次印刷
书　　号　ISBN 978-7-5638-3566-9
定　　价　45.00元

第二版前言

非营利组织（Non-Profit Organization，NPO）不同于企业或公司等市场组织，它们是不以营利为目的的组织，它们的利润不能被用于分红。美国非营利组织研究专家莱斯特·M. 萨拉蒙（Lester M. Salamon）将非营利组织的基本特征归纳为五个方面：组织性、民间性、非营利性、自治性、志愿性。这五个特征是非营利组织区别于政府和企业的根本属性。

在人们生活方式极大丰富的同时，各种新的更深层次的社会矛盾逐渐凸显出来，这些矛盾单靠政府来解决是远远不够的，于是非营利组织应运而生并不断发展。由于市场失灵和政府失灵，非营利组织在20世纪80年代后在全球范围内异军突起，以满足社会公众对公共物品的需求。当前，在美国、英国等西方发达国家，非营利组织在教育、文化、科技、医疗、社会福利等领域发挥着重要作用。在印度、孟加拉国、菲律宾等发展中国家，非营利组织发挥的作用也越来越大，成为社会创新与社会变革的催化力量。

随着我国市场经济发展、政府职能转变和社会治理方式变革，公共服务的提供模式也在发生变化，从以往单一的政府提供变为多元化参与。在这一格局下，就需要有相应的组织承接政府转移出来的职能。从国际经验来看，公共服务职能的主要承担者是非营利组织，这就为非营利组织的发展创造了空间，其发展受到社会各方面的重视和支持。进入21世纪以来，随着互联网技术和新媒体的日益兴起，公众对信息的获取更加直接，对社会的认识逐渐开阔，人与人之间的联结更加容易，公众更多地参与到社会事务与治理中，非营利组织成为人们参与社会事务的重要载体。

党中央、国务院高度重视社会组织工作，将促进社会组织发展作为一项重要工作来抓。2016年8月，中共中央办公厅、国务院办公厅印发了《关于改革社会组织管理制度 促进社会组织健康有序发展的意见》，明确了我国社会组织改革发展的方向和路径，对社会组织的登记、扶持、监督管理和自身建设等方面提出了要求，是社会组织工作的纲领性文件。2022年，党的二十大报告提出："完善协商民主体系，统筹推进政党协商、人大协商、政府协商、政协协商、人民团体协商、基层协商以及社会组织协商，健全各种制度化协商平台，推进协商民主广泛多层制度化发展。""完善办事公开制度，拓宽基层各类群体有序参与基层治理渠道，保障人民依法管理基层公共事务和公益事业。"

中国已经是世界第二大经济体，社会各项事业都处于快速发展之中，非营利组织的发展也比较快。目前，我国已经初步形成了种类齐全、领域广泛的非营利组织体系，其范围涉及科技、教育、文化、卫生、劳动、民政、体育、环境保护、法律服务、社会中介服务、工商服务、农村及农业发展等各个领域。截至2021年底，我国社会组织数量达到90.2万个。非营利组织已经成为我国社会治理不可缺少的参与主体，是创新社会治理的探索者。

在环境保护、社会治安、文化教育等关乎民生的领域，特别是需要更加专业化的基层服务领域，政府和社会对非营利组织的需求越来越迫切，需要它们主动来承接各项服务。在这种巨大的外部需求下，目前我国的非营利组织无论从数量上还是质量上仍然不能满足需求，从业人员大多不具备专业素养，很多组织的管理不规范、服务不专业，无法适应时代赋予它们的角色。在这种情况下，各地积极培育扶持非营利组织，从降低登记门槛、政府购买服务、建立孵化基地、落实税收优惠等方面着手，促进非营利组织的持续发展。

非营利组织管理，是探索非营利组织如何加强和完善自身运营管理的一门科学。有些人认为，非营利组织管理除了对自身的管理以外，还包括政府对非营利组织的管理，比如登记、扶持、监管等，但本书所讲的非营利组织管理并不包括这一部分，仅是指非营利组织的内部运作管理。

“管理”不是工商企业的专属品，非营利组织虽然不以营利为目的，但是也需要“管理”。既然非营利组织是一个“组织”，就包含对人、财、物的管理，就涉及组织发展、筹款和项目管理等问题。非营利组织要满足利益相关方的需求，其运营管理就不应是随意的和低效的。“管理”是提高非营利组织绩效的有效手段，非营利组织需要学习“管理”，并且掌握先进的管理技术和方法，以更好的方式进行管理。

非营利组织不仅要学习管理方法、管理技术，还要有正确的理念、价值观，以回应人们对非营利组织所抱有的美好期望。非营利组织中有大量的志愿者，对这些志愿者要采取独特的管理方式，以避免志愿者资源的浪费。非营利组织只有在完善内部管理的基础上，才有能力去提供公共服务，有资格承担政府购买服务项目。

非营利组织管理的理论与方法，很多是基于西方理论和成功经验的，但我国有不同的历史背景、文化传统和社会发展阶段，应该有基于中国自身的成熟经验和工作方法。这就决定了中国非营利组织的管理，既要借鉴西方经验，吸收西方经验中适合中国国情的部分，又要结合中国本土实际，努力将西方的理论本土化。

非营利组织管理是管理学的一个分支学科。它既有管理学的通用内容，也具有自身特色。本书的内容兼顾非营利组织管理的理论与实践，在管理学的框架下，侧重于有非营利组织特色的内容。这些特色内容主要体现在理念、战略管理、内部治理、人力资源管理、筹款管理和项目管理。

当前，中国非营利组织存在能力水平偏低的问题，大量科班出身的专业人才并未进入到这一领域工作，而从事这一领域工作的人员素质能力参差不齐，以刚进入职场的新人、兼职人员、志愿者和退休人员为主，广大的工作人员及志愿者特别需要专业能力的提升。

非营利组织研究作为一个新兴研究领域，具有多样性、综合性的特点，跨越多个学科，比如管理学、政治学、法学、社会工作等。本书的特点是实用性强、工具性强，紧密结合中国非营利组织的本土实践，适合作为高等院校非营利组织管理课程的教材，也可以作为非营利组织工作人员的培训辅导用书。

最后，衷心感谢首都经济贸易大学出版社对本书出版给予的大力支持。

目　　录

第一章　非营利组织的概念与理论

【本章提要】

本章介绍非营利组织的概念与理论，共分为四节内容：第一节是非营利组织的基本概念，主要介绍非营利组织的定义、特征，与非营利组织相关的称谓，社会组织称谓的演变及其概念。第二节是非营利组织的基本分类，主要介绍社会团体、民办非企业单位、基金会。第三节是非营利组织的活动领域和功能作用，主要介绍非营利组织的活动领域、功能作用。第四节是非营利组织兴起的理论基础，主要介绍公民社会理论、社会资本理论、治理和善治理论、市场失灵与政府失灵理论、契约失灵理论、供给理论、志愿失灵理论、第三方管理理论、政府与非营利组织关系的类型学理论以及政府、市场、志愿部门相互依赖理论。

要对非营利组织进行管理，首先要了解非营利组织的概念和理论。非营利组织与政府、企业的不同点体现在其有不同的概念和特征，它们的产生和发展有其独特的理论基础。

第一节　非营利组织的基本概念

一、非营利组织的定义

“非营利组织”（Non-Profit Organization，NPO）不同于企业或公司等市场组织，它们是不以营利为目的的组织，它们的利润不能被用于分红。

对这一概念不能单从字面上理解，政府也是不以营利为目的，但并不称其为“非营利组织”。

“非营利”不同于“非盈利”。“营”是经营、寻求的意思，“非营利”强调组织的运作不以牟利为目的，但并不禁止其经营或取得“盈利”。“非盈利”表示不赚钱，指的是一种结果。因此，实际上很多非营利组织是盈利的。

“非营利组织”的概念最早出现在美国，是指在美国社会中符合《国内税收法典》（Internal Revenue Code）第501（C）3条的规定，从而获得税务减免待遇的特殊组织。联合国对非营利组织的界定是，如果主要收入既不来自于产品或者服务的销售，也不来源于政府，而是来自于会员会费、企业或者个人的捐赠，那么这类机构就属于非营利组织。20世纪70年代末，“非营利组织”概念开始流行起来，并于90年代末期成为全球通用的主流概念。

自2021年1月1日起施行的《中华人民共和国民法典》规定：“为公益目的或者其他非营利目的成立，不向出资人、设立人或者会员分配所取得利润的法人，为非营利法人。非营利法人包括事业单位、社会团体、基金会、社会服务机构等。”《中华人民共和国民法典》将事业单位也包含在了非营利法人中。事业单位（Public Institution）虽然同样不以营利为目的，但是本书所指的非营利组织并不包括事业单位。根据《事业单位登记管理暂行条例》的规定，事业单位是指“由政府利用国有资产设立的，从事教育、科技、文化、卫生等活动的社会服务组织”。事业单位一般要接受国家行政机关的领导，要有其组织或机构的表现形式，要成为法人实体。事业单位与非营利组织采取的是不同的管理体制，事业单位由政府编制管理部门负责登记管理，非营利组织由民政部门负责登记管理。

在我国，国家财政、税务部门在其制定的政策文件中使用的概念是“非营利组织”。我国学者在学术研究中，为了与国际学术界接轨，在学术文献中使用最多的也是非营利组织概念。

由于非营利组织不同于企业或公司，两类组织的话语体系有一定差别，通常不使用“某某公司”“某某企业”来称呼非营利组织，而是用“某某机构”“某某组织”这样的提法。

二、非营利组织的特征

美国约翰·霍普金斯大学教授莱斯特·M. 萨拉蒙（Lester M. Salamon）在 1981 年采用“结构-运作式”的建构方式，将非营利组织的基本特征归纳为五个方面：组织性、民间性、非营利性、自治性、志愿性。这五个特征是非营利组织区别于政府和企业的根本属性，凡是具有这五个特征的组织，就是非营利组织。

（一）组织性

组织性是指非营利组织必须是有一定制度化的正式组织。组织性体现在两个方面：

1. 具备正式组织的基本特征

这些特征包括明确的使命和宗旨、组织目标、组织结构、组织制度、负责人、员工队伍、办公场所等。这是非营利组织承担公益使命、履行社会职责的基础。非营利组织的活动是一种团体活动，而不是临时的、分散的个人行为或民众集合体。

2. 其建立经过国家法律许可

非营利组织获得了合法地位，具有法人资格，以法人身份进行社会活动和订立合同。组织性为规范非营利组织的行为创造了客观条件。

（二）民间性（或非政府性）

民间性是非营利组织区别于政府的根本属性，也称为“非政府性”。民间性是指非营利组织不是政府或其附属机构，而是非政府性的组织。它们没有编制，也没有行政经费。但这并不意味着非营利组织不能与政府合作，不能接受政府的资助。它们独立于政府之外自主为社会服务，能克服因政府垄断管理而导致的公共产品高成本问题，这也是发展非营利组织的理由之一。它们的发展还能推动社会民主的发展，为建设民主社会提供推动力。

非营利组织多属于自下而上的民间组织，其民间性体现在三个方面：

（1）在决策体制上不同于政府，非营利组织是自主决策和自治管理的独立实体。

（2）在治理结构上不同于政府，非营利组织一般不采取集中领导的等级式体制。

（3）在运作机制上不同于政府，非营利组织是在共同价值观基础上，通过协商、说服和提供服务的方式去赢得生存空间。

（三）非营利性

非营利性是非营利组织最显著的特征，这是非营利组织区别于企业等营利性组织的根本属性。非营利性体现在三方面：

1. 不以营利为目的

非营利组织的根本宗旨都不以营利为目的，其目的是实现公益或互益。但是，这并不意味着非营利组织没有资金收入、不能收费。

2. 不能进行剩余收入的分配

非营利组织可以开展一定形式的经营性业务，其剩余的资金收入并不能由其成员随意分配，这部分盈余只能用来开展社会公益服务或促进自身发展。但是，这并不意味着非营利组织不能给工作人员发工资。

3. 不得将组织的资产以任何形式转变为私人资产

非营利组织的资产不属于捐赠者，也不属于组织成员，而是属于社会所有。非营利组织在注销或解散时，其剩余资产不能在成员间进行分配，应将其交给其他的非营利组织继续用于公益事业或交由政府进行处理。

（四）自治性

自治性是指非营利组织具有自主决策权，独立承担和管理它们的内部事务，包括章程的制定和修改、业务范围的确立、人事任免等问题都由非营利组织依法自行决定。除了受政府和其他监管主体的监督以外，非营利组织不受其他任何机构的控制，政府和企业等都不能干涉其依据法律和章程开展的活动。

（五）志愿性

志愿性是非营利组织开展活动的内驱力。这一特征是政府部门和企业所不具备的，是非营利组织的宝贵资源。志愿性体现在三个方面：

（1）组织的活动是以志愿精神和利他主义为内在驱动力，而不是以经济收益或利润作为驱动力。

（2）组织的活动主要来自于志愿劳动。其所开展的公益服务通常是由团体成员自愿参与的，其活动参与不具有强制性，提供的服务是无偿的。

（3）组织的资金主要来自于志愿捐赠。

在以上五个特征中，非营利性和非政府性是非营利组织的两个最核心特征。

三、与非营利组织相关的称谓

在全球不同国家，由于历史传统和强调角度的不同，以及不同的学科视角，对非营利组织的称谓多种多样，比如非政府组织（NGO）、第三部门、公民社会组织、志愿者组织、慈善组织、公益组织、独立部门组织、免税组织、社会经济组织等。这些概念在传入我国后，与我国的社会组织、民间组织概念，在实务界和学术界都在不同程度地并行使用。

在我国制定的法律法规中，同时使用着多个不同概念，比如：财政部制定的《民间非营利组织会计制度》使用的是“非营利组织”概念，全国人大常委会通过的《中华人民共和国境外非政府组织境内活动管理法》使用的是“非政府组织”概念，全国人大通过的《中华人民共和国慈善法》使用的是“慈善组织”概念，民政部印发的《取缔非法民间组织暂行办法》使用的是“民间组织”概念，国务院颁布的《志愿服务条例》使用的是“志愿服务组织”概念，《社会组织登记管理条例（草案征求意见稿）》使用的是“社会组织”概念。

在不追求表述严谨或不强调具体差异的前提下，这些概念之间可以相互混用。但从严格的界定角度来看，这些概念之间仍然存在差别，它们之间具有一定的交叉或从属关系。

（一）非政府组织

“非政府组织”（Non-Governmental Organization，NGO）强调这类组织不同于政府，它们不是政府或政府的一个部门。“非政府组织”概念的广泛使用，是联合国大力倡导的结果。“非政府组织”一词最早出现在1945年6月26日签署的联合国宪章第71款中，该条款授权联合国经社理事会“为同那些与该理事会所管理的事务有关的非政府组织进行磋商做出适当安排”。1952年联合国经社理事会在其决议中将非政府组织定义为“凡不是根据政府间协议建立的国际组织都可以被看作非政府组织”。在当时，非政府组织主要是指国际性的民间组织。1968年，在联合国经社理事会通过的1296号决议中，规范了联合国同非政府组织的法律框架，允许非政府组织在联合国经社理事会以及联合国体系中的其他机构中获得咨询地位。自此以后，非政府组织的活动被越来越广泛地引入了联合国体系的运作。

1995年北京承办了第四次世界妇女大会和NGO妇女论坛，“非政府组织”概念正式传入我国。1998年清华大学成立了NGO研究所，开展了一系列关于NGO的教学研究活动，推动了这一概念在我国的研究及传播。

对“非政府组织”概念不能单从字面上理解，企业也不是政府，但并不称其为“非政府组织”。在我国的公益行业、媒体和社会中，非政府组织的英文缩写——“NGO”的使用非常普遍和深入人心，很多组织都自称为“NGO”。“NGO”前面常常被加上表明业务领域的前缀，比如“环保NGO”“助残NGO”“助老NGO”等。在中国语境下，“NGO”具有比较鲜明的“自下而上”的特征，民间自发成立的“草根组织”往往自称为“NGO”，凸显自己与官办组织的不同。

总体而言，“非政府组织”在内涵上与“非营利组织”“社会组织”

是等同的。

（二）第三部门

“第三部门”（The Third Sector）最早由美国行政学者西奥多·利维特（Theodore Levitt）于1973年在《第三部门：回应性社会的新战术》一书中首次系统阐述。[①] 这一概念强调这类组织是相对于政府部门、市场部门而独立存在的第三种社会力量。由此，全社会分为三大部门：第一部门是政府，在政治活动领域进行国家规划和制定重大方针政策；第二部门是市场，在经济领域从事商品生产、贸易等经济活动，以营利为目的；第三部门是非营利部门，以志愿为基础进行活动，不以营利为目的。

在我国，与政府、企业、事业单位相比，非营利组织的力量还非常薄弱，达不到“第三部门”的程度。

（三）公民社会组织

“公民社会组织”（Civil Society Organization）来自于黑格尔提出的“Civil Society”。根据黑格尔的理解，“公民社会”凸显了一种全新的社会关系主体，即相对独立于国家领域的市场经济组织和自愿团体的综合。[②]

（四）志愿者组织

“志愿者组织”（Voluntary Organization）强调组织的志愿性特征，该组织的日常管理和服务全部或在很大程度上依赖于不拿薪水的志愿者。在我国，志愿者组织有很大一部分是没有法人身份的，通常由爱心人士组成，在业余时间为社会弱势人群奉献爱心，也经常被称为“义工组织”。

“志愿者组织”概念和“非营利组织”概念有一定的差别。因为“志愿者组织”的人员基本由志愿者组成，但“非营利组织”中可能并没有志愿者或很少有志愿者。

（五）慈善组织（公益组织）

“慈善组织”（Charitable Organization）强调的是这些组织是以公益慈

---

① LEVETT T. The Third Sector: New Tactics for a Responsive Society [M]. New York: AMACOM, 1973.

② 邓正来. 国家与社会：中国市民社会研究 [M]. 成都：四川人民出版社，1988.

善为目标，其经费主要来自于慈善捐赠。“公益”和“慈善”两个概念经常被并列使用，二者的定义和内涵十分接近。“慈善组织”和“公益组织”基本上是同等概念，经常也称为“公益慈善组织”。

“公益”是个人或组织自愿地做好事，为他人和社会提供服务。我国1999年颁布的《公益事业捐赠法》明确规定了公益的概念：“本法所称公益事业是指非营利的下列事项：①救助灾害、救济贫困、扶助残疾人等困难的社会群体和个人的活动；②教育、科学、文化、卫生、体育事业；③环境保护、社会公共设施建设；④促进社会发展和进步的其他社会公共和福利事业。”

“慈善”在中国传统意义上主要是指扶贫济困、救助灾害、助学助孤等事业，比“公益”的范围要窄。我国2016年颁布的《慈善法》拓宽了“慈善”的内涵。《慈善法》第三条规定：“本法所称慈善活动，是指自然人、法人和其他组织以捐赠财产或者提供服务等方式，自愿开展的下列公益活动：①扶贫、济困；②扶老、救孤、恤病、助残、优抚；③救助自然灾害、事故灾难和公共卫生事件等突发事件造成的损害；④促进教育、科学、文化、卫生、体育等事业的发展；⑤防治污染和其他公害，保护和改善生态环境；⑥符合本法规定的其他公益活动。”《慈善法》第八条规定：“慈善组织，是指依法成立、以面向社会开展慈善活动为宗旨的非营利组织。”因此，从我国法律对“公益”和“慈善”的界定来看，二者的涵义基本上是等同的。

“慈善组织”“公益组织”概念与“非营利组织”概念有所不同。“非营利组织”既包括公益性组织，也包括互益性组织，“慈善组织”“公益组织”仅指公益性组织。因此，“慈善组织”“公益组织”是比“非营利组织”小一些的概念。

（六）独立部门组织

“独立部门组织”（Independent Sector Organization）强调这些组织是独立于政府和企业之外的第三种力量。这一概念主要强调组织的独立性，而这一特征在我国非营利组织中是最缺乏的。

（七）免税组织

“免税组织”（Tax-exempt Organization）强调这些组织在国家的税收法律中享有免税地位。“免税组织”的概念要小于“非营利组织”。这是因为“非营利组织”并不意味着可以直接免税，它们还要经过政府财税部门的认定才可以成为“免税组织”。

（八）社会经济组织

“社会经济组织”（Social Economy Organization）主要在法国和比利时等欧洲国家使用，主要是指互助性组织，强调其运作兼顾商业性和公益性，如合作社、社会企业等。社会经济组织所指的范围比非营利组织更宽。

四、社会组织称谓的演变及其概念

“社会组织”是具有中国特色的概念表述，是基于我国现实国情和社会组织发展状况，对非政府组织（NGO）、非营利组织（NPO）、第三部门等称谓的中国化改造。按照民政部的官方解释，社会组织“是用中国特色社会主义理论深刻认识这类组织的基本属性、主要特征而形成的科学概括”[①]。

（一）社会组织称谓的历史演变

1949 年以来，我国社会组织的官方称谓经历了社会团体—民间组织—社会组织的发展演变历程。在此期间，有一些提法也在使用，比如社会中介组织、两新组织。

1. 社会团体

“社会团体”称谓是在 1949—1998 年期间使用。1949 年中华人民共和国成立后，我国在相当长的一段时间内是用“社会团体”指代社会组织，

① 李学举．用十七大精神统一思想 充分发挥社会组织在现代化建设中的重要作用：在全国社会组织建设与管理工作经验交流会上的讲话［J］．社团管理研究，2007（3）．

主要是由于当时在社会组织中仅有社会团体一种类型。目前，社会团体是我国社会组织中的一种，二者之间是从属关系。但由于习惯和传统的原因，在政府政策文件和主管部门名称中，仍然存在着用“社会团体”代替“社会组织”的情况。

2. 民间组织

“民间组织”称谓是在1998—2006年期间使用。“民间组织”官方称谓最早出现于1998年，国务院将设于民政部的“社会团体管理局”更名为“民间组织管理局”。此后，“民间组织”开始作为这类组织的官方称谓被使用。在当时，“民间组织”是指社会团体和民办非企业单位。1999年中共中央办公厅、国务院办公厅发布的《关于进一步加强民间组织管理工作的通知》也明确提出了“民间组织”官方称谓。

3. 社会组织

“社会组织”称谓从2006年使用至今。进入21世纪以后，在推进社会建设的过程中，考虑到“民间组织”称谓仍然具有一定的局限性，不足以充分表达这类组织所具有的重要地位，2006年党的十六届六中全会通过的《中共中央关于构建社会主义和谐社会若干重大问题的决定》首次提出了“社会组织”概念，提出“要健全社会组织、发挥各类社会组织提供服务、反映诉求、规范行为的作用”。2007年党的十七大报告把社会组织放到了更加突出的位置，进一步确认了“社会组织”概念。

在2007年11月民政部举行的全国社会组织建设与管理工作经验交流会上，民政部确定启用“社会组织”这一新的概念，正式取代以前的“民间组织”。2016年8月，民政部的“民间组织管理局”更名为“社会组织管理局”，其官方网站也更名为“中国社会组织网”。目前，“社会组织”概念不仅是我国的官方用法，实务界也普遍接受和使用了这一概念。

（二）社会组织的定义

社会组织（Social Organization）的概念有广义、中义和狭义之分。广义的“社会组织”是社会学意义上的概念，是指人们从事共同活动的所有群体形式，包括民族、家庭、秘密团体、政府、军队和学校等。中义的“社会组织”是指社会中不以营利为目的的群体组织，与政府组织、企业组织相并列，既包括了正式登记注册的社会组织，也包括了因为种种原因未能按现行法规登记注册的非营利组织。狭义的“社会组织”是政府管理角度上的概念，是指依据我国法律规定，经各级政府民政部门登记注册的，纳入登记管理范围的社会团体、民办非企业单位和基金会。目前，狭义的“社会组织”概念的影响力较大，是被各方普遍接受的概念。

第二节　非营利组织的基本分类

根据不同标准，非营利组织可以有多种分类方式。比如：根据组织构成分类，将其分为会员制组织和非会员制组织；根据工作形式分类，将其分为运作型组织和倡导型组织；根据法人形式分类，将其分为社团法人和财团法人；根据服务性质分类，将其分为公益性组织和互益性组织；根据它们与政府的关系分类，将其分为官办组织、半官办组织、民办组织；根据组织的规模分类，将其分为大型组织、中型组织、小型组织；根据活动范围分类，将其分为国际组织、全国性组织、区域性组织、社区组织等；根据活动领域分类，将其分为环保组织、扶贫组织、动物保护组织、教育组织、人权组织等；根据功能分类，将其分为资源动员型组织、公益服务型组织、社会协调型组织、政策倡导型组织。

美国约翰·霍普金斯大学非营利组织研究中心根据产业划分的方法，提出了 ICNPO（The International Classification of Nonprofit Organizations）分类标准。此标准将非营利组织分为 12 个大类和 24 个小类，12 大类包括：文化与休闲、教育与科学研究、卫生、社会服务、环境、发展与住房、法律与政治、慈善中介与志愿行为鼓励、国际活动、宗教组织、专业协会或工会以及其他。

2006 年底，民政部在借鉴和参考联合国推荐的国际分类体系的基础上，针对我国非营利组织的不同发展阶段特点，以非营利组织的活动领域为出发点，把非营利组织（社会团体、民办非企业单位、基金会）划分为经济、科学研究、社会事业、慈善和综合五大类，工商服务业、农业及农村发展、科学研究、教育、卫生、文化、体育、生态环境、社会服务、法律、宗教、职业及从业者组织、国际及涉外组织、其他 14 门类。

在政府管理的视角，我国比较权威和通用的非营利组织分类方式是将其分为三类：社会团体、民办非企业单位、基金会。三种非营利组织的定义和管理办法分别由国务院颁布的《社会团体登记管理条例》《民办非企业单位登记管理暂行条例》《基金会管理条例》进行规定。

一、社会团体①

（一）社会团体的定义

社会团体是指由中国公民自愿组成，为实现会员共同意愿，按照其章程开展活动的非营利性社会组织。② 社会团体由 1998 年颁布的《社会团体登记管理条例》进行规范。

社会团体是建立在一定社会关系基础上的会员制组织，会员包括个人会员和单位会员两类。在非营利组织中，除了基金会以外其他以“会”字命名的组织（如协会、联合会、研究会、学会、联谊会等）都属于社会团体的范畴。

---

① 民政部在 2000 年 12 月 1 日下发的《关于对部分团体免予社团登记有关问题的通知》（民发〔2000〕256 号）规定，“经国务院批准可以免予登记的社会团体”有 14 个，包括：中国文学艺术界联合会、中国作家协会、中华全国新闻工作者协会、中国人民对外友好协会、中国人民外交学会、中国国际贸易促进会、中国残疾人联合会、宋庆龄基金会、中国法学会、中国红十字总会、中国职工思想政治工作研究会、欧美同学会、黄埔军校同学会、中华职业教育社。对于文联、作协的登记问题，民政部在 2000 年 12 月 5 日下发的《关于对部分社团免予社团登记的通知》（民发〔2000〕257 号）规定，部分社团可以免予社团登记：①中国文联所属的 11 个文艺家协会可以免予社团登记，即：中国戏曲家协会、中国电影家协会、中国音乐家协会、中国美术家协会、中国曲艺家协会、中国舞蹈家协会、中国民间文艺家协会、中国摄影家协会、中国书法家协会、中国杂技家协会、中国电视家协会。②省、自治区、直辖市文联、作协可以免予社团登记。

② 《社会团体登记管理条例》，1998 年 10 月 25 日发布，2016 年 2 月 6 日修订并施行。

（二）社会团体的分类

我国民政部门规定，根据业务范围和会员组成特点的不同，社会团体可分为行业性、学术性、专业性和联合性等类型。

1. 行业性社会团体

行业性社会团体是指由相同或相近领域的法人组织或个人组成，通过沟通本行业企业和从业者与政府的关系，协调同行业的利益，规范市场行为，提供行业服务，反映会员需求，保护和增进全体成员合法权益的社会团体。行业性社团一般为经济性团体，又可细分为农业类社团、工业类社团、商业类社团等。行业性社会团体的名称参照《国民经济行业分类》中的分类标准设置，一般以行业协会、同业公会命名。

2. 学术性社会团体

学术性社会团体是指由专家、学者和科研工作者自愿组成，为促进自然科学、人文社会科学、交叉科学教学研究的深入，普及科学知识，培养人才，促进科学和社会经济的可持续发展，维护自身合法权益而开展活动的社会团体。

学术性社会团体又可划分为三类：①自然科学类社团（比如地理学、化学、生物学等）；②社会科学类社团（比如哲学、文学、历史学、新闻学等）；③自然科学与社会科学的交叉科学类社团（例如文化地理学、建筑心理学等）。

学术性社会团体的名称参照《中华人民共和国学科分类国家标准》二级学科设置。对符合学科标准的，一般以学会命名；对未达到学科标准的，则以研究会命名。

3. 专业性社会团体

专业性社会团体是指相同领域的法人组织和专业人士围绕专业技术和专业资金开展专业活动，提高专业能力，维护自身合法权益而组成的为经济社会服务的社会团体。专业性社会团体的名称参照《国民经济行业分类》小类标准设置，一般以协会命名。

4. 联合性社会团体

联合性社会团体是指由相同或不同领域的法人组织或个人为了共同的兴趣、爱好、利益进行横向交流而自愿组成的社会团体。联合性社会团体分为联谊类社会团体和联合类社会团体两种。联谊类社会团体根据相同人群的需求设置，一般以联谊会命名。联合类社会团体根据相同或不同领域法人组织的需求设置，参照《国民经济行业分类》门类标准设置，一般以联合会、促进会命名。

二、民办非企业单位

（一）民办非企业单位的定义

民办非企业单位是指企业事业单位、社会团体和其他社会力量以及公民个人利用非国有资产举办的，从事非营利性社会服务活动的社会组织。[①] 民办非企业单位由 1998 年颁布的《民办非企业单位登记管理暂行条例》进行规范。

民办非企业单位是实体性机构，非营利性的民办学校、民办医院、民办养老院、民办博物馆都属于民办非企业单位。我国法律将民办非企业单位分为法人、合伙、个人等三种形式。

民办非企业单位是时代发展的产物。在计划经济时期，我国只有社会团体，没有民办非企业单位。20 世纪 90 年代，随着社会主义市场经济体制改革的推进，我国政府鼓励社会力量参与提供公共服务，各地出现了大量民办的学校、医院、养老机构。1996 年 7 月，中央政治局常委会专题研究民间组织管理工作，决定将这类组织命名为“民办非企业单位”，归口民政部门统一登记。[②] 随着时间的推移，要求变更“民办非企业单位”这一称谓的呼声越来越强，认为这一称谓不能准确反映这类组织提供社会服

---

① 《民办非企业单位登记管理暂行条例》，1998 年 10 月 25 日发布并实施。

② 张希敏．中国目前在民政部门登记的社会组织共有 661861 个［EB/OL］．中国新闻网，(2016-04-14). http：//www. chinanews. com/gn/2016/04-14/7834793. shtml.

务、从事公益事业的特征，在这种情况下，2016年颁布的《中华人民共和国慈善法》将“民办非企业单位”改为“社会服务机构”。但是，由于《民办非企业单位登记管理暂行条例》仍然有效，本书仍采用“民办非企业单位”的概念。

（二）民办非企业单位的领域类型

民办非企业单位在教育、医疗卫生、文化、科技、体育、劳动培训与就业服务、民政福利、社会中介服务、法律服务等社会领域开展服务，建立了相应的机构。

（1）教育事业，如民办幼儿园，民办小学、中学、学校、学院、大学，民办专修（进修）学院或学校，民办培训（补习）学校或中心等。

（2）卫生事业，如民办门诊部（所）、医院，民办康复、保健、卫生、疗养院（所）等。

（3）文化事业，如民办艺术表演团体、文化馆（活动中心）、图书馆（室）、博物馆（院）、美术馆、画院、名人纪念馆、收藏馆、艺术研究院（所）等。

（4）科技事业，如民办科学研究院（所、中心），民办科技传播或普及中心、科技服务中心、技术评估所（中心）等。

（5）体育事业，如民办体育俱乐部，民办体育场、馆、院、社、学校等。

（6）劳动事业，如民办职业培训学校或中心，民办职业介绍所等。

（7）民政事业，如民办福利院、敬老院、托老所、老年公寓，民办婚姻介绍所，民办社区服务中心（站）等。

（8）社会中介服务业，如民办评估咨询服务中心（所），民办信息咨询调查中心（所），民办人才交流中心等。

（9）法律服务业。

（10）其他。

三、基金会

（一）基金会的定义

基金会是指利用自然人、法人或者其他组织捐赠的财产，以从事公益事业为目的而成立的非营利性法人。① 基金会由2004年颁布的《基金会管理条例》进行规范。

改革开放以后，我国曾长期将基金会作为社会团体的一部分。1999年，国务院决定将基金会的审批和管理权限交由民政部统一负责。在非营利组织的三种类型中，虽然基金会的数量最少，但其募集和掌握的资金量大，社会影响力较大，在赈灾救灾、扶贫济困、环境保护等公益领域发挥着重要作用。

（二）基金会的分类

我国的《基金会管理条例》将基金会分为公募基金会和非公募基金会。其中，公募基金会按其活动地域范围分为全国性公募基金会和地方性公募基金会。此外，我国还有一些境外基金会代表机构，例如美国福特基金会北京办事处、比尔及梅琳达·盖茨基金会（美国）北京代表处、李嘉诚基金会（香港）北京办事处等。

我国知名的公募基金会有中国青少年发展基金会、中国扶贫基金会、中国妇女发展基金会、中国儿童少年基金会、中国社会福利基金会等。在非公募基金会中，有企业发起成立的，例如南都公益基金会、腾讯公益慈善基金会；有个人发起成立的，例如北京市永源公益基金会；有学校发起成立的，例如北京大学教育基金会、清华大学教育基金会；有联合发起成立的，例如友成企业家扶贫基金会。

公募基金会和非公募基金会的区别主要在于：①公募权利不同。公募基金会可以依法向社会开展公开募捐，非公募基金会不能向社会开展公开募

① 《基金会管理条例》，2004年2月11日发布，2004年6月1日起施行。

捐。②公益事业支出的比例不同。公募基金会的公益事业支出不低于上一年总收入的70%，非公募基金会的公益事业支出不低于上年基金余额的8%。

第三节　非营利组织的活动领域和功能作用

一、非营利组织的活动领域

非营利组织开展的公益活动和公益服务涉及社会生活的各个领域，比如：社会救助、环境保护、医疗卫生、权益维护、社区服务、社会中介等。这些领域往往是社会需求迫切、公共服务供给不足且政府又允许、鼓励发展的领域。

（一）社会救助领域

在社会救助领域，非营利组织能发挥独特的作用，可以积极参与巩固拓展脱贫攻坚成果和全面推进乡村振兴。我国的社会救助工作包括经常性救助（如最低生活保障制度）、专项分类救助（如医疗救助、法律援助等）和临时性救助三部分。在临时性救助方面，比如群众面临突发性、紧急性、临时性生活困难的时候，非营利组织能够动员志愿者力量和社会捐赠进行救助。在2008年汶川地震后，很多非营利组织踊跃参与救援工作，改变了过去由政府单一力量进行救灾的格局。很多非营利组织在各大城市设立了社会捐助站点，募集资金和衣被，帮助社会弱势人群。非营利组织的这些工作，使慈善事业与国家保障救助制度形成互补衔接。

社会救助领域的非营利组织如：中华慈善总会、中国红十字基金会、中国扶贫基金会、深圳壹基金公益基金会、中华社会救助基金会、香江社会救助基金会等。

（二）环境保护领域

环境保护领域的非营利组织主要活动于自然生态保护、资源保护、动物保护、植物保护、污染治理等。1995年，“自然之友”发起了保护滇金丝猴和藏羚羊行动，这是我国环保组织发展的第一次高潮。在2003年的“怒江建坝事件”中，绿家园、大众流域、自然之友、地球村等环保组织积极介入和反对，引发了一场是否应在怒江建设水电站的社会争论，并引起了国务院总理温家宝的重视，该建设项目也因此被暂时搁置。我国2015年开始实施新修订的《环境保护法》确立了环保公益诉讼制度，对于污染环境、破坏生态，损害社会公共利益的行为，明确规定“专门从事环境保护公益活动连续五年以上且无违法记录”且“依法在设区的市级以上人民政府民政部门登记”的社会组织，可以向人民法院提起诉讼。

环境保护领域的非营利组织如：中华环境保护基金会、自然之友、北京地球村、绿家园志愿者、阿里巴巴公益基金会等。中华环境保护基金会自1993年4月正式成立以来，先后开展了全民环境意识调查、中华环境奖、格平绿色行动、生态长城、小康幸福工程、大学生环保社团小额资助等一系列公益项目，取得了明显的社会和环境效益。

（三）医疗卫生领域

医疗卫生是一个复杂的系统工程，只有在政府、市场和非营利组织三方力量协同推进下，才能实现良好的效果。非营利组织的介入和参与医疗卫生工作，整合了医疗卫生服务的社会资源，有效弥补了政府公共卫生资源的不足，改善了医疗卫生服务的供需结构。公众健康意识提升和医学常识普及是一项基础工程，一些民间救援组织和医疗康复机构一直在基层开展这项工作。公众通过参与这些活动，提高了自己的医疗卫生保健意识。在面临重大突发公共卫生事件的时候，非营利组织对于有效传播信息和事态控制可以起到积极作用。

医疗卫生领域的非营利组织如：中国红十字会、中国预防性病艾滋病基金会、嫣然天使基金等。

（四）权益维护领域

维护社会群体合法权益，关系到社会和谐稳定大局。非营利组织在维护社会弱势群体利益方面能够发挥重要作用，为党和政府分忧，为社会群体解难。有些非营利组织开展信访代理、纠纷调解、法律援助、心理疏导等工作，以专业方法有效推进权益维护工作。妇女儿童类非营利组织以女性主义视角关注社会问题，以组织形式提出女性的需求和利益；推动妇女参与社会发展，在社会管理工作中融入性别视角。

权益维护领域的非营利组织如：中国残疾人福利基金会、中国法律援助基金会、中国妇女发展基金会、中国消费者协会等。

（五）社区服务领域

非营利组织具有贴近基层的优势。在基层社区中，非营利组织能为社区居民提供各类服务，比如社区养老服务、社区文化服务、社区安全服务等。非营利组织以社区成员的互助自助为基础，利用社区内外的各类资源，开展具有福利性质的社会服务。其服务对象主要包括老年人、未成年人、残疾人和妇女等群体，有利于提高社区居民的生活质量，增进社区的公共福利。

社区服务领域的非营利组织如：北京市大兴区清源街道志愿服务协会、天津市南开区兴南街社区社会组织联合会、上海市青浦区夏阳街道居家养老服务中心等。

（六）社会中介领域

改革开放之后，我国的非营利组织在市场经济中发挥着积极作用。社会中介领域的非营利组织主要是行业协会、商会等组织，它们是沟通政府、企业、社会之间的桥梁和纽带。某些非营利组织介于政府和市场之间，发挥着协助政府实现经济调节的功能；某些非营利组织介于政府和社会之间，实现政府与民众之间的协调沟通，发挥社会稳定和谐的管理功能。非营利组织通过各种方式实现会员自律，在某些方面能够独立进行内部管理。

社会中介领域的非营利组织如：中国蔬菜流通协会、中国交通运输协会、上海市浙江商会等。

二、非营利组织的功能作用

当前，随着我国非营利组织的发展壮大，它们在社会中发挥的作用越来越显著，其作用主要体现在以下方面。

（一）弥补政府不足，提供公共服务

现代社会是一个多元化的社会，随着生活水平的不断提高，人们的兴趣、价值观和利益都高度多样化，对公共产品和公共服务的需求越来越高。政府作为公共物品的主要提供者，其服务面向全体社会成员，行为具有普遍性，很难对复杂的社会需求做出恰当及时的反应。

非营利组织是提供公共服务的重要力量，它们在提供公共服务方面具有专业性，能够弥补政府在公共服务中的不足，接受政府委托提供部分社会服务。随着政府还权于社会，对社会领域事务的干预越来越少，这为非营利组织的成长创造了有利的外部环境条件。在公共服务方面，有相当部分的教育服务、医疗服务、法律服务、文化服务是由非营利组织提供的。而且，非营利组织的服务对象大多是政府和企业的服务覆盖不到的困难群体，如渐冻人、成骨不全症患者等。

（二）促进社会和谐，增强道德观念

当前，我国的改革进入了攻坚期，一系列的社会矛盾和问题更加凸显出来，比如贫富差距加大、生态环境破坏、公共服务缺失。要解决社会问题和维持社会稳定，单独依靠政府的力量是不够的。非营利组织具有贴近民众、深入群众的优势，是社会的“稳定器”“减压阀”。非营利组织通过服务弱势人群、协调各方关系，能够起到缓和社会矛盾、维护社会稳定的作用。

非营利组织在社会上积极倡导社会道德观念，比如传播中华传统文化、弘扬雷锋精神、家风家训教育、革命主题教育等，能够规范社会群体的意识和行为，提升公民的道德水平，有利于形成良好的社会秩序。

（三）表达利益诉求，推动决策民主

非营利组织广泛联系各个社会阶层，可在政府与公民之间、政府与社会之间、政府与企业之间搭建沟通了解的平台，发挥“上令下达、下情上传”的桥梁纽带作用，从而协调社会利益关系，预防和减少社会矛盾的发生，维护社会的和谐稳定。

非营利组织能够主动参与公共事务的管理，有些组织利用专家资源和媒体渠道，参与政策的前期调研、方案咨询、社会宣传等，为政府的政策制定提供宝贵建议，从而能够充分地反映其所代表团体的共同利益，推动政府决策的民主化进程。非营利组织能低成本表达利益诉求，能够对政府公权力运用和企业承担社会责任进行有效监督。

（四）发展文化事业，繁荣文化生活

随着社会的发展，广大人民群众的物质生活水平不断提高，对自身精神生活、健康水平等方面的需求与日俱增。非营利组织尤其是文化领域的组织，在发展文化事业、繁荣文化生活方面起到了重要作用。有特定爱好的群体如音乐爱好者、戏曲爱好者、健身爱好者，自发地组建了非营利组织，满足了群众的兴趣需求。

非营利组织打造了一批文艺精品和品牌，推动了文化产业的发展，为广大人民群众送去了丰富多彩的各类文化节目。

（五）协调行业关系，促进行业发展

行业协会在整合功能、协调关系、维护利益等方面发挥着越来越重要的作用。行业协会作为非营利组织的一种重要形式，发挥着行业自律、服务、协调和监督的功能，也是政府的参谋和助手。行业协会在规范市场秩序、维护行业声誉、树立行业形象、开展行业自律、推进品牌战略、参与行业标准制定、调解贸易纠纷等方面发挥着重要作用，是市场经济体系中不可或缺的力量。

（六）舒缓就业压力，促进经济发展

当前，高失业率已经成为困扰各国的重要社会问题，也是影响社会稳定的重要因素。非营利组织能为社会提供大量的就业机会，成为缓解就业压力、促进经济发展的一支不可忽视的力量。在西方发达国家，非营利组织就业人口占全部就业人口的比例为5%~13%。非营利组织可以发挥动员社会力量、链接各方资源、提供专业服务等方面优势，助力开发就业岗位、拓展就业空间、提供就业服务。非营利组织能够为残疾人、低收入者等弱势群体提供就业岗位、技术培训和职介服务，帮助解决就业困难人群的就业问题。

第四节　非营利组织兴起的理论基础

国外学者对非营利组织研究的成果较多、视角丰富、影响力大。早在1831年，法国学者亚历西斯·德·托克维尔（Alexis de Tocqueville）在美国游历时，就对社团对美国民主发展起到的作用大加赞誉。

20世纪70年代以来，以莱斯特·M. 萨拉蒙（Lester M. Salamon）为代表的西方学者对非营利组织的兴起和发展进行了大量的理论研究，逐步形成了一系列权威理论，例如：公民社会理论、社会资本理论、治理和善治理论、市场失灵与政府失灵理论、契约失灵理论、供给理论、志愿失灵理论、第三方管理理论、政府与非营利组织关系的类型学理论以及政府、市场、志愿部门相互依赖理论等。

一、公民社会理论

“公民社会”（Civil Society）也被称为“市民社会”，是西方政治哲学的核心概念之一。公民社会是建立在国家、经济、公民社会的三分法基础之上的一种定义。公民社会指的是介于国家和家庭或个人之间的一个社会相互作用领域及与之相关的价值或原则。英国学者戈登·怀特（Gordon White）对公民社会的定义最有代表性，他认为，“当代使用这一术语的大多数人所公认的公民社会的主要思想是：它是国家和家庭之间的一个中介性的社团领域，这一领域由同国家相分离的组织所占据，这些组织在同国家的关系上享有自主权，并由社会成员自愿结合而形成以保护或增进他们的利益或价值”。他主张将企业或经济机构同公民社会分开来对待，前者作为经济系统构成公民社会的基础。

公民社会理论主要研究公民社会的结构特征和文化特征，以及公民社会和国家之间的关系。公民社会包括四个要素：①私人领域，即个人家庭生活或私人生活领域；②志愿性社团，即成员基于共同利益或信仰而自愿结成的社团；③公共领域，即介于私人领域和公共权威之间的非官方领域；④社会运动，即捍卫私人领域和公共领域自主发展的合法权利不受侵犯的运动。

除了上述结构性要素以外，公民社会还包括一些基本的价值和原则，它们是：①个人主义。它是公民社会的基石，即假定每个个体都是社会生活的基本单位，而公民社会和国家都是为了保护并增进个人的利益与权利而存在的。②多元主义。它要求个人生活方式的多元化、社团组织的多样性和思想的多元化。③公开性和开放性。主张政务活动的公开化和公共领域的开放性，以利于公民议政和参政。④参与性。强调公民参与社会政治生活和制约国家权力。⑤法治原则。强调从法律上保障公民社会与国家的分离，保证公民社会成为一个真正具有自治性和自主性的领域。

公民社会与非营利组织之间是辩证统一关系：①公民社会是非营利组织存在和发展的基础；②非营利组织既是公民社会的主要组织实体，也是公民社会文化价值特征的主要传导者和传播者；③非营利组织的发展和壮大促进公民社会的发展。

二、社会资本理论

“社会资本”（Social Capital）概念的第一个系统表述是由法国社会学家皮埃尔·布迪厄（Pierre Bourdieu）提出的。布迪厄认为：社会资本是一个社会或群体所具有的现实或潜在的资源集合体，它主要是由确定社会或群体成员身份的关系网络所构成。①

美国哈佛大学教授罗伯特·D. 普特南（Robert D. Putnam）指出，一个地区往往具有共同的历史渊源和独特的文化环境，人们之间相互熟悉且关系密切，容易形成紧密的公民参与网络，这种公民精神和公民参与就是社会资本。社会资本存量充足的社区，有利于非营利组织充分有效嵌入社区，并从中汲取足够的社会资源支持，有利于社会经济繁荣和社会团结和谐。

社会资本被认为是一种资源，即存在于社会结构关系中的资源，它体现为：①个人关系；②成员身份；③社会网络；④信任关系。其中核心要素或基础要素是信任关系。之所以把这些要素称作“社会资本”，一是因为它们存在于社会关系之中，二是因为它们可以带来增值，是无形资产。

社会资本具有几个特征：①社会性和非物质性；②长期性和积累性；③生产性和增值性；④不可转让性；⑤使用的互惠性。

三、治理和善治理论

治理理论的出现源自于全球公共治理的兴起，现代意义的治理（governance）一词是相对于传统意义上的统治（government）一词而言的。在全球化背景下，世界银行于 1989 年讨论非洲发展问题时认为其面临“治理危机”，这是治理一词在公共管理领域内被首次正式提出。

治理理论不再将政府作为公共权力的唯一主体，而是将各种企业、私人组织、非营利组织、公民等纳入公共管理主体。英国学者格里·斯托克（Gerry Stoker）认为，公共治理的主体是多元的，非营利组织是政府和市场以外的重要治理主体。随着治理理论研究的深入，善治理论（good governance）逐渐形成并被认同。善治是指政府和公民合作实现公共利益最大化的公共管理过程，是政府和公民社会合作的最佳状态。非营利组织

① 布迪厄，等．实践与反思［M］．李猛，等译．北京：中央编译出版社，1998.

作为重要的社会主体，在治理和善治理论中得到了重视。治理和善治理论提出了非营利组织参与政府治理、回应公民诉求、形成国家社会合作共治的思路。

四、市场失灵/政府失灵理论

市场失灵/政府失灵理论（Market Failure/Government Failure）是由美国学者伯顿·韦斯布罗德（Burton A. Weisbrod）在1974年提出的，这一理论的核心内容是用“需求-供给”这个传统经济学的分析范式分析当时西方国家所面临的政府危机，进而解释了非营利部门存在的必要性。

需要指出的是，“市场失灵”和“政府失灵”的概念并非由韦斯布罗德首次提出，他只是应用这两个概念来分析非营利部门。“市场失灵”概念是由美国麻省理工学院弗朗西斯·M. 巴托（Francis M. Bator）教授于1956年首次提出的。“政府失灵”概念是由以詹姆斯·布坎南（James M. Buchanan, Jr.）为代表的公共选择学派（Public Choice）于20世纪70年代提出的。

（一）市场失灵论

市场机制通过供求、价格、竞争以及风险机制对市场上的各类要素进行自动调节，使理性经济人在追求自身利益最大化的同时促进社会生产力的发展。将这一机制用于公共产品或公共服务供给领域的时候，则会产生垄断、分配不公、公共产品供给不足、负外部效应、贫富差距等问题，即“市场失灵”。其产生的原因包括两个方面：

1. 市场机制本身的缺陷

市场机制发挥资源配置的最佳效果需要一系列前提条件，如信息完全对称、经济活动无外部性等，这在经济的实际运行中很难实现。这就导致市场机制在公共服务供给中无法实现公共资源的有效配置。

2. 公共物品的特有属性

公共物品具有效用的不可分割性、消费的非排他性、取得方式的非竞争性、提供目的的非营利性，其本质和核心特征是消费的非排他性和取得方式的非竞争性，这些特征导致了经济学上的“搭便车”现象。如果大多数人都想“搭便车”，其结果可能是无人再提供公共物品。公共物品的特性与市场机制是矛盾的，公共物品无法通过市场体系，即由个别消费者和生产者之间的交易来提供。

因此，由于非营利组织志愿性的特点以及它们为社会提供公共物品和公共服务的公益性目标，使得它们能够弥补市场不足，在提供公共物品方面能够体现社会的公平性。

(二) 政府失灵论

政府在提供公共物品过程中存在失灵，主要体现在：①政府难以满足每一个人对公共物品的需求。政府提供公共物品是为了满足大部分民众的需要，讲求“多数赞成”的原则，而公众的异质化需求得不到满足。②政府提供公共物品存在效率低下、成本高等弊端。面对“政府失灵”，非营利组织参与社会治理成为必然，它们提供社会服务的质量不断提高、成本不断降低，在很大程度上提高了社会资源的配置效率。

由于市场机制和政府机制都不足以满足民众的需求，非营利组织作为政府和市场以外的公共物品提供者就有了存在的意义。

五、契约失灵理论

“契约失灵理论”（Contract Failure）是由美国法律经济学家亨利·汉斯曼（Henry B. Hansmann）于1980年在《耶鲁法学杂志》（The Yale Law Journal）上发表的论文《非营利企业的作用》中提出的，这一理论也被称为“合约失灵理论”。汉斯曼从营利性组织的局限性入手，对非营利组织的功能需求进行分析，解释非营利组织和营利性组织之间的区别，以及某些活动只能由非营利组织而不是营利性组织承担的原因。

契约失灵理论也是从经济学角度研究非营利组织问题，但其与市场失灵、政府失灵理论的不同之处在于，政府失灵、市场失灵理论主要研究的是为什么有些公共产品要由非营利组织提供，契约失灵理论研究的是为什么有些私人产品也要由非营利组织提供。

所谓“契约失灵”，是指由于信息不对称，导致仅仅依靠生产者和消费者之间的契约难以防止生产者坑害消费者的机会主义行为出现的现象。“契约失灵”产生的原因包括：①无论是生产者还是消费者都不可能拥有完全的市场信息。②生产者和消费者所拥有的经济信息往往互相不对称。③在购买者不是最终消费者的时候，也会产生契约失灵现象。④有时由于产品和服务本身性质太过复杂和专业，消费者无法获得有效信息或没有能力去分析所获得的信息，因而无法对其进行有效监控和评估。

契约失灵仅靠市场机制是难以解决的，因此，产品和服务的供给必须寻求新的非市场供应主体，这个主体就是非营利组织。非营利组织由于受到“非分配约束”（Non-distribution Constraint），因此能承担提供公共物品的责任。“非分配约束”是指非营利组织不能把利润分配给该组织的控制人（出资人、理事、管理人员等）。“非分配约束”是非营利组织区别于营利性组织的最重要特征。这个特征使得非营利组织在提供存在信息不对称的商品或服务时，尽管有能力提高价格或降低质量，但他们不会损害消费者的利益，因为他们的利润不进行分配。非营利组织的“非分配约束”特性，实际上是在市场可能出现“合约失灵”情况时，对生产者机会主义行为的有力制度约束。

六、供给理论

“供给理论”是从非营利组织自身的供给动机出发，去解释非营利组织出现的原因——为什么有人愿意花时间、精力和金钱来建立非营利组织，他们从事公益事业、提供公共物品的原始动机是什么。组织非营利活动的团体和个人有各种各样的动机，归纳起来主要有三类：

（一）谋利动机

谋利动机是把非营利活动作为牟取个人或团体私利（金钱、地位、荣誉、权力等）的手段。其中又包括两种情况：一种是这些非营利部门名义上不以营利为目的，实际上它们的负责人能够通过各种合法或非法的途径获取物质利益。另一种则强调参与非营利活动的人可以从中牟取社会地位、荣誉和权力等无形的私利，而不是金钱。

（二）精神回报动机

精神回报动机带有利他主义色彩，但也期望获得某种回报，包括精神上的快慰。

（三）纯粹利他主义动机

纯粹利他主义动机，即萨拉蒙提出的“德行完美”，他们的行为往往带有意识形态色彩或宗教色彩，把自己的事业当成一种使命。

七、志愿失灵理论

“志愿失灵理论”将非营利组织放在更加主动的先于政府和市场的位置，认为志愿部门的失灵才给了政府介入的理由。志愿部门作为人类服务的提供者不是万能的，它也有固有的缺陷，由于利益驱动、道德失控、约束缺失等因素，会产生“志愿失灵”（Voluntary Failure）。非营利部门的缺陷主要表现在以下四个方面：

（一）对于慈善的供给不足（Philanthropic Insufficiency）

慈善捐赠的数目与非营利组织的实际支出之间有相当大的缺口。

（二）慈善的特殊主义或狭隘性（Philanthropic Particularism）

它们所服务的对象一般是某些特定的社会群体，结果一部分群体可以享受完善的服务，另一些最需要帮助的群体的利益却被忽视，并由此导致资源的浪费。

（三）家长式作风（Philanthropic Paternalism）

那些控制着慈善资源，掌握非营利组织经济命脉的人对如何使用资源有很大发言权，造成内部决策过程的非民主化和非透明化。

（四）非营利组织的业余性（Philanthropic Amateurism）

非营利组织的工作往往是由有爱心的业余人员来做，这就不可避免地影响到服务的质量。

承认非营利组织的志愿失灵，并没有削弱非营利组织存在的必要性。萨拉蒙认为，非营利组织的短处正好是政府的长处，而政府的短处正好是非营利组织的长处，他们之间是相互依赖的。非营利组织应该作为最初提供公共服务的制度安排，只有在非营利组织提供服务不足的情况下，政府才需要进一步发挥作用。

八、第三方管理理论

在“志愿失灵理论”的基础上，莱斯特·M. 萨拉蒙（Lester M. Salamon）提出了“第三方管理理论”（Third-party Government）。该理论的主要观点是：政府虽然是资金和政策的提供者，但是在提供具体社会服务的时候，政府可以借助政策支持及资金支持的途径把权力交给非营利组织。政府通过非营利组织来实施政府功能，这就是所谓的第三方管理模式。萨拉蒙引入了“交易成本”（Transaction Costs）概念，由政府扮演政策制定者和公共服务提供者的双重角色会使政府力不从心，并加大政府的成本，通过非营利组织来提供公共服务是一个明智选择。

非营利组织在提供公共服务的过程中，容易出现资金不足、工作不专业、家长式作风等问题，这就需要政府通过制定政策、颁布法律、宏观调控等方式来帮助非营利组织解决问题。“第三方管理”模式将二者放在合作的角度上，政府掌控政策和资金资源，非营利组织提供公共服务，从而弥补政府和非营利组织各自的不足。

九、政府与非营利组织关系的类型学理论

西方学者本杰明·吉德伦（Benjamin Gidron）、罗夫·克莱默（Ralph Kramer）和莱斯特·M. 萨拉蒙（Lester M. Salmon）等人在 1992 年提出了

这一理论。为了更好地呈现政府与非营利组织的关系，在进行跨国比较后，他们认为，所有的福利服务都有两个关键的要素：一是服务的财务与授权（Financing and Authorizing of Services），二是服务的实际配送（Actual Delivery of Services）。他们发现两类活动事实上可以由不同的制度来安排实施，于是他们以这两种要素为核心变量，提出了非营利部门与政府关系的四种模式（见表 1-1）[①]：

表 1-1　非营利部门与政府关系四种模式

功能 模式	政府支配模式	双重模式	合作模式	第三部门支配模式
资金筹措	政府	政府/非营利组织	政府	非营利组织
服务配送	政府	政府/非营利组织	非营利组织	非营利组织

（一）政府支配模式（Government-Dominant Model）

在这个模式中，政府在资金筹集和服务配送中都具有支配性地位。政府既是主要的财政提供者，也是福利服务的主要提供者。政府通过税收制度来筹集资金，并由政府雇员传送需要的服务。

（二）第三部门支配模式（Third-Sector-Dominant Model）

在这个模式中，非营利组织在资金筹集和服务配送中发挥着支配性作用。产生这种模式的原因很复杂，有些是出于意识形态或宗教的原因对政府提供社会服务有强烈的反对情绪，有些是因为这些地区对社会服务没有普遍需求。

（三）双重模式（Dual Model）

这是一种混合模式，处于政府支配模式和非营利部门支配模式之间。在这种模式中，政府和非营利部门都很大程度地卷入到了资金筹集和服务配送中，但均局限在各自界定的领域内，两者缺乏合作。

---

① BENJAMIN GIDRON，RALPH KRAMER，LESTER M. Salmon. Government and The Third Sector [M]. San Francisco：Josser-Bass Publishers，1992.

（四）合作模式（Collaborative Model）

这种模式是由政府和非营利部门共同提供公共服务，但它们不是分离的关系。这种模式的典型例子是由政府提供资金、非营利部门配送服务。合作模式具体又分为“合作的卖者”模式和“合作的伙伴”模式。

十、政府、市场、志愿部门相互依赖理论

1991年，美国学者罗伯特·伍思努（Robert Wuthnow）提出了政府、市场、志愿部门相互依赖理论。伍思努认为，在实践中，政府、市场和志愿部门之间的关系正变得日益模糊。在政府和市场之间，由于政府和企业在科学技术方面的共同投资以及政府以税收、管制等方式介入市场，它们之间的界限已经很难分清。在政府和志愿部门之间，由于政府把一些社会福利项目委托给志愿组织，并为它们提供资金支持，政府与志愿部门之间的项目合作也模糊了彼此界限。在志愿部门与市场之间，复杂的组织计划把营利性活动与非营利性活动置于同样的管理体制之下，志愿部门与市场的关系也很难分清。

伍思努认为，政府、市场和志愿部门之间存在着频繁的互动和交换关系，这包括：竞争与合作；各种资源的交换；各种符号的交易等。当集中不同的资源来共同解决社会问题的时候，彼此之间就是合作关系。当不止一个部门的组织提供相似服务的时候，就存在着竞争关系。①

关键术语

非营利组织　非政府组织　第三部门　慈善组织　社会组织　社会团体　民办非企业单位　基金会　公民社会理论　社会资本理论　治理和善治理论　市场失灵与政府失灵理论　契约失灵理论　供给理论　第三方管理理论

---

① ROBERT WUTHNOW. Between States and Markets：The Voluntary Sector in Comparative Perspective［M］. Princeton：Princeton University Press，1991.

政府与非营利组织关系的类型学理论　政府、市场、志愿部门相互依赖理论

复习思考题

1. 根据莱斯特·M. 萨拉蒙的归纳，非营利组织具有哪些特征？
2. 非营利组织的非营利性具体指哪些方面？
3. 我国社会组织的称谓经历了哪些发展演变？
4. 社会组织的概念是什么？
5. 根据我国民政部门的分类标准，社会组织可以分为哪几类？
6. 我国的社会团体可以分为哪几类？
7. 我国的基金会可以分为哪几类？
8. 非营利组织的活动领域包括哪些？
9. 非营利组织能够发挥哪些功能作用？
10. 非营利组织兴起的理论基础主要有哪些？
11. 非营利部门的缺陷主要表现在哪几个方面？

第二章 非营利组织的历史与现状

【本章提要】

本章介绍非营利组织的历史与现状，共分为四节内容：第一节是全球非营利组织的演进历程，主要介绍资本主义早期的非营利组织发展、自由资本主义时期的非营利组织发展、垄断资本主义时期的非营利组织发展、第二次世界大战结束到20世纪末的非营利组织发展、21世纪以来的非营利组织发展。第二节是我国非营利组织的演进历程，主要介绍中华人民共和国成立前的非营利组织发展、中华人民共和国成立后的非营利组织发展。第三节是我国非营利组织的发展规模与特点，主要介绍我国非营利组织的发展规模、发展的特点。第四节是我国非营利组织存在的问题与对策，主要介绍我国非营利组织存在的问题、推动我国非营利组织发展的对策。

对于任何一名非营利组织的从业者来说，都要了解自己行业的历史与现状，只有具备这些背景知识，才能更好地从事具体工作。非营利组织是社会成员在从事社会物质文化活动过程中结成的自治团体，它是人类社会发展到一定阶段的产物。西方国家非营利组织的发展已经有几百年的历史，其发展经验和成功模式值得我们学习借鉴。我国非营利组织经过近几十年来的发展，取得了显著的成绩，但也存在很多问题，需要我们给予重视并解决。

第一节　全球非营利组织的演进历程

在西方国家，非营利组织的产生和发展有着悠久的历史，世界上很早就产生了非营利组织。其发展是以一定的社会政治经济条件为基础的，世界各国非营利组织的发展并不平衡。西方发达国家非营利组织的发展较为成熟，这根源于西方文化所特有的公民意识和自治意识，还受到了宗教因素的影响。

一、资本主义早期的非营利组织发展

英国是世界上非营利组织发展最早的国家之一。早在12—13世纪，英国就出现了500多家民间志愿性的慈善组织。① 15世纪末期到16世纪初，英国的圈地运动产生了大量失地农民，他们背井离乡，沦为流浪汉，失业现象严重，社会上的不安定因素增加。为了救济贫困民众，英国政府开始重视慈善事业的发展。早在1601年，英国议会就通过了《济贫法》(Poor Relief Act)，同年，伊丽莎白女王一世（Elizabeth I）颁布了《英格兰慈善用途法规》（The English Statute of Charitable Uses)，鼓励发展从事慈善救济活动的非营利组织。《济贫法》又称“旧济贫法”，该法对年老及丧失劳动力者、贫困儿童、流浪者采取不同的救济办法。此后，一大批慈善机构相继诞生。

美国在还没有建立联邦政府的时候，公民就自发建立了学校、宗教组织、医院等，形成了公民社会的萌芽。美国非营利组织的产生可以追溯到1620年《五月花号公约》提出的：最早抵达新大陆的人“自愿结为民众自治团体”。在殖民地时期，英国殖民者建立了很多慈善团体，比较著名的有苏格兰慈善会、爱尔兰慈善会等。绝大多数的美国人信奉基督教，基

① 王名．英国的慈善组织［EB/OL］．中国发展简报，(2012-10-24). http：//www.chinadevelopmentbrief.org.cn/news-12230.html.

督教是美国慈善事业产生的精神基础之一。基督教把助人看作净化灵魂、道德升华的过程，认为富人只是社会财富的管理人。美国慈善事业的另一精神基础是美国公民的志愿精神。

二、自由资本主义时期的非营利组织发展

17 世纪到 19 世纪后期是自由资本主义时期。在这一时期，私人资本家可以不受限制地开展自由竞争，国家不干预经济生活，采取自由放任和自由贸易的政策，经济活动完全受市场规律的自发调节。

伴随生产力发展的是资本主义制度本身的缺陷，引发了资本主义经济危机，贫富差距矛盾不断激化。1834 年，英国议会通过《济贫法（修正案）》，这是 1601 年以后英国最重要的济贫法，又称“新济贫法”。该法要求受救济者必须是被收容在习艺所中从事苦役的贫民，所内的生活条件恶劣，劳动极其繁重。这一措施，一方面减轻了资产阶级政府的压力，缓和了当时的社会矛盾，另一方面也促进了非营利组织的发展。1865 年，救世军（The Salvation Army）由卜维廉和卜凯瑟琳（William Booth and Catherine Booth）在英国伦敦东部创立，其宗旨是以爱心代替枪炮，并以军队形式作为其架构和行政方针。

美国在尚未建国的时候，就成立了大量的非营利组织，并在公共服务中发挥重要作用。通过这些组织，广大公众行使民主权利，养成民主素养，培养了社会责任感。美国的一些知名大学就是非营利组织，它们大多成立于这一时期。1636 年，美国哈佛大学成立。1746 年，美国普林斯顿大学成立。1830 年，法国学者托克维尔在美国访问期间，感受到了美国社会中存在一种独特的志愿精神。他认为正是因为美国在政府、企业之外存在一个强大的非营利部门才造就了美国的繁荣，并写成了《论美国的民主》（De la démocratie en Amérique）一书，让人们认识到了非营利组织在社会经济发展中的作用。

1863 年，国际红十字会（IRC）在瑞士日内瓦成立，其创始人亨利·杜南

（Jean Henri Dunant）在法奥战争索尔费里诺战役期间目睹了战争带来的可怕后果，主张大力发展国际公约，从而为在战场上受伤的人员提供救护。

19 世纪五六十年代到 20 世纪初，专业性、组织性和志愿性的非营利组织逐步脱离宗教独立发展起来。

三、垄断资本主义时期的非营利组织发展

在 19 世纪末 20 世纪初，世界主要资本主义国家进入到垄断资本主义时期。在这一时期，劳资关系更加紧张，涌现出了大量的工人团体和致力于社会公益事业的非营利组织。1881 年英国工人成立了“民主联盟”（后改名为“社会民主联盟”），1883 年俄国工人成立了“劳动解放社”，1886 年美国工人成立了“劳动者联盟”。

资本集中在少数垄断组织手中，以“托拉斯”方式获取垄断利润，出现了一批掌控了石油、钢铁、汽车等产业的巨型公司。资本主义制度下积累起来的巨额财富是慈善事业发展的物质基础。正如马克思所言，资本主义国家在生产资料私有制和生产社会化的基本矛盾之下反复进行着矛盾激化和矛盾缓解的运动，而慈善事业是应运而生的一种矛盾缓解方式。20 世纪初期，具有进步主义思想的资本家纷纷设立基金会，比如 1910 年成立的卡耐基国际和平基金会（Carnegie Endowment for International Peace），1913 年成立的洛克菲勒基金会（Rockefeller Foundation），1919 年成立的英国救助儿童会（Save the children），1936 年成立的福特基金会（Ford Foundation）。

在这一时期，教育文化、科学技术、医疗卫生等领域的非营利组织也在发展。1905 年，扶轮社（Rotary Club）由保罗·哈里斯（Paul P. Harris）在美国芝加哥创立，其特色是每个扶轮社的成员须来自不同的职业，其宗旨是提供慈善服务，鼓励崇高的职业道德，并致力于世界亲善及和平。1917 年，国际狮子会（Lions Clubs International）由茂文·钟士

(Melvin Jones）在美国伊利诺伊州创立，是全球会员人数最多、服务范围最广泛的志愿服务团体之一。

美国政府从1923年开始征收个人所得税，4年后美国国会通过法案，规定捐款或实物捐赠可用来抵税，所得税可抵税部分最高达15%，以此来鼓励民众捐赠行善。这项法律对美国的慈善事业影响巨大。1935年，美国政府允许公司用捐款抵税。[①] 20世纪30年代资本主义大萧条时期，为了缓解社会矛盾，西方国家产生了大量的民间互助组织。1942年，乐施会(Oxfam）在英国牛津郡成立，以助人自助、对抗贫穷为宗旨，让贫穷人群得到尊重和关怀。

四、第二次世界大战结束到20世纪末的非营利组织发展

第二次世界大战结束之后，西方国家普遍重视加强对市场的干预，凯恩斯主义盛行，大力推行福利国家政策。各国的生产力迅速发展，社会物质财富日益丰富，同时也带来了一系列社会问题。环境、能源、贫困、疾病、人口等世界性问题的出现和日益严峻，促使人们开始反思，并组织起来进行倡议。

非营利组织与养老照护、残疾人康复和儿童服务等密切结合，出现了妇女组织、儿童保护组织、青少年组织等。非营利组织提供服务的专业化水平不断提升，形成了与政府部门的合作机制。1950年，世界宣明会(World Vision International）成立，它是一个国际性救援及发展机构，由美国年轻牧师卜皮尔（Dr. Robert Pierce）为援助朝鲜战争的孤儿而创立。1954年，亚洲基金会（The Asia Foundation）在美国旧金山成立，该基金会在亚洲有18个地区办公室，其宗旨是通过提供资助和项目服务，帮助亚洲各国的发展。

20世纪60年代，随着人民权利的普及，非营利组织从欧美国家扩展

① 北京市国际税收研究会．世界部分国家所得税制和遗产税制鼓励公益捐赠［J］．国际税收参考，2011（9）．

到广大发展中国家，参与群体和活动领域遍及社会生活的各个方面。它的国际化主要表现为人道主义救援及跨国发展的非营利组织开始出现。1961 年，大赦国际（Amnesty International）在英国伦敦成立，其宗旨是“动员公众舆论，促使国际机构保障人权宣言中提出的言论和宗教自由”。同年 4 月，世界自然基金会（WWF）在瑞士成立，是在全球享有盛誉的、最大的独立性非政府环境保护组织之一，并于 1980 年开始在中国开展大熊猫及其栖息地保护的项目。1969 年，国际爱护动物基金会（IFAW）在美国成立，该机构是全球最大的动物福利组织之一，其宗旨是通过减少对动物的商业剥削和贸易、保护野生动物的栖息地以及救助危难中的动物来提高野生动物和伴侣动物的福利。

20 世纪 70 年代，西方发达国家出现了石油危机，经济普遍陷入了衰退，同时存在着福利国家负担沉重、官僚政府臃肿低效的问题，各国出现了不同程度的市场失灵和政府失灵，西方国家纷纷对公共部门进行改革，在市场领域推行民营化、市场化改革。1971 年 9 月，绿色和平组织（Greenpeace）成立，其宗旨是促进实现一个更为绿色、和平和可持续发展的未来，并以行动激进著称。同年 12 月，无国界医生组织（Doctors Without Borders）在法国巴黎成立，是由各国专业医学人员组成的国际性志愿者组织，是全球最大的独立人道医疗救援组织。

20 世纪 80 年代以后，由于全球经济增长和由此带来的社会结构和利益格局的分化，世界范围内的民主化和全球化浪潮加快推进，新公共管理改革在欧美各国普遍实施，各国相继走上了重塑政府之路。这意味着政府不再是公共管理的唯一主体，政府逐渐从一些经济、社会领域退出，并主动让渡出部分职能，将很多公共服务交给非营利组织承担。与此同时，公民参与公共事务的意愿和能力不断增强，各类非营利组织迎来了蓬勃发展的时期，渗透到社会生活的各个层面和领域。

20 世纪 90 年代，西方国家政府主动与非营利组织建立伙伴关系。1998 年，英国布莱尔政府与英国非营利组织代表签署了《政府与志愿及社区组织合作框架协议》（COMPACT）。这个协议虽不具有法律约束力，但通过一系列原则成为英国政府各部门和地方政府与非营利组织之间合作的指南与工作备忘录。协议充分肯定了非营利组织在英国社会的巨大作用，并强调政府与非营利组织在价值观上的一致性、功能上的互补性与合作关系。为了具体指导政府各部门及地方各级政府与非营利组织之间的合作关系，COMPACT 突出强调以下原则：①政府对非营利组织的资金支持原则；②政府在支持非营利组织的同时确保其独立性的原则；③政府与非营利组织在制定公共政策、提供公共服务上的协商、协作原则；④非营利组织在使用包括政府资金在内的公益资源上的公开性、透明性原则；⑤政府保障各种不同类型的非营利组织有公平机会获得政府资助的原则。①

在全球结社运动的背景下，各国的非营利组织迅速发展，在整合社会资源、提供公共服务和促进社会公平方面的作用日益显著，非营利组织已经成为政府-市场-社会这一有机整体的重要组成部分。到 20 世纪末，美国、荷兰、日本、匈牙利、英国、巴西等 22 个国家和地区的非营利产业金额已接近 1.1 万亿美元，其在非营利方面的投入平均已达其 GDP 的 4.6%，占非农就业人口的 5%，占服务业就业人口的 10%，相当于公共部门就业人口的 27%。② 面对这一新的组织制度创新及其所起到的巨大作用，萨拉蒙教授认为，“一场真正的社团革命正在全球范围展开，在 20 世纪末出现的这场革命所具有的社会和政治意义能够与 19 世纪民族国家的崛起相媲美”③，并将这场革命称为“全球结社革命”（The Global Associational Revolution）。

---

① 王名 . 英国的慈善组织［EB/OL］. 中国发展简报，(2012-10-24). http：//www. chinadevelopmentbrief. org. cn/news-12230. html.

② SALAMON L M，ANHEIER H K. Global Civil Society：Dimensions of the Nonprofit Sector［M］. Maryland：The John Hopkins University，1999.

③ SALAMON L M. The Rise of the Non-profit Sector［J］. Foreign Affairs，1994，73（4）.

五、21 世纪以来的非营利组织发展

进入 21 世纪以来，欧美国家的非营利组织继续快速发展。与此同时，在印度、孟加拉国、巴西、泰国等发展中国家，非营利组织也在快速发展，在社会中起到了非常重要的作用。

2000 年 1 月，比尔及梅琳达·盖茨基金会（Bill & Melinda Gates Foundation）在美国西雅图成立，其创立者为微软公司创始人比尔·盖茨及其妻子梅琳达·盖茨，该基金会旨在促进全球卫生和教育领域的平等，该基金会现有资金约 270 亿美元，是目前全球最大的慈善基金会。2013 年，美国经国内税务局（IRS）批准、豁免联邦所得税的非营利组织达 159.9 万个，其中 105.24 万个是符合《国内税收法典》第 501（C）（3）条款规定的公益慈善组织。如果加上其他各类非营利组织，美国非营利组织的数量至少有 200 万个以上。在慈善捐赠方面，根据美国施惠基金会在 2021 年 7 月发布的《Giving USA 2021：2020 年度美国慈善捐赠报告》，尽管受到新冠疫情、种族冲突、经济衰退等多重复杂因素的影响，美国 2020 年的慈善捐赠总额仍然达到了 4714.4 亿美元的历史新高，相比 2019 年增长了 5.1%（经通货膨胀调整后，增长率为 3.8%）。

在这一时期，欧美国家新的慈善模式和公益理念层出不穷。非营利组织以更加开放的姿态参与社会创新，将公益与市场两种机制进行整合，社会企业（Social Enterprise）和社会创新（Social Innovation）运动蓬勃发展。1991 年，意大利在欧洲率先颁布法律，为社会企业创制了“社会合作社”（Social Coopeative）法律形式。此后，比利时、芬兰、英国、拉脱维亚等国纷纷效仿，创设了本国的社会企业法律形式。英国是社会企业较为发达的国家，有世界上最成功的社会企业部门。英国政府出台了多项政策推动社会企业的发展：2001 年，英国贸易与工业部（DTI）成立社会企业工作组，负责协调社会企业与政府官员，建议改善社会企业发展的环境。2002 年，英国政府推动了为期三年的社会企业战略，以推广社会企业。

2005年，英国确立了“社区利益公司”（Community Interest Company，简称CIC）的法律形式。2006年，英国政府发表题为《社会企业行动计划：勇攀高峰》的新政策文件，列出进一步推动社会企业发展的措施。2010年，英国首相戴维·卡梅伦开始推动“大社会计划”（Big Society），核心理念是分权、开放，权力的重新分布是从国家流向社会。2011年，社会影响力债券（Social Impact Bond，SIB）试运行。2012年4月，卡梅伦推动成立拥资6亿英镑的影响力投资基金——大社会基金，用于支持社会企业的发展。2012年，英国议会通过了《公共服务（社会价值）法案》[the Public Services（Social Value）Act]，该法案要求，公共机构在购买服务中不仅要关注经济效益，还要考虑如何利用这些合同改善社区的社会和环境状况。2014年1月，欧洲经济和社会委员会与欧盟委员会共同在法国斯特拉斯堡举办了社会企业大会，会议通过《斯特拉斯堡宣言》（The Strasbourg Declaration），提出10项关键的行动计划，旨在推进社会经济与社会企业的发展。

第二节　我国非营利组织的演进历程

以1949年中华人民共和国成立为界限，我国非营利组织的演进历程可以分为两大阶段，第一阶段是中华人民共和国成立前的阶段，第二阶段是中华人民共和国成立后的阶段。

一、中华人民共和国成立前的非营利组织发展

（一）1900年以前的非营利组织发展

我国非营利组织发展的历史悠久，自古就有扶贫济困、慈善互助的传统，存在很多民间结社和慈善活动。儒家的“老吾老以及人之老、幼吾幼以及人之幼”和“恻隐之心人皆有之”等思想，是中华民族传统慈善观念的集中体现。

我国早在先秦时期就有“会党”“社会”的存在。春秋战国时期，民间结社一度颇为盛行，比如墨家的团体。东汉时期，“朋党”“五斗米道”“太平道”也是民间结社。魏晋南北朝时期，涌现出了以文学活动为主的诗文社；随着佛教在全国的盛行，佛教寺庙的慈善活动范围较广。隋唐时期，佛教慈善事业更加发达，寺院内建立了固定场所的慈善机构——悲田养病坊，其功能是赈恤、收养贫困者和残疾老人。两宋时期，民间慈善事业更加发达，出现了“慈幼局”“慈幼庄”等慈善机构；范仲淹在苏州创办“范氏义庄”，是我国最早的家族义庄，并一直持续了 800 多年。明清时期，民间慈善团体发展较快，主要是地方乡绅举办的普济堂、会馆、义庄、善堂善会；与此同时，白莲教、天地会、洪帮、青帮等宗教组织和秘密组织盛行，他们一方面进行政权斗争，另一方面也承担着救死扶伤、贫困救济的功能。在农村，乡绅、宗族领袖主持了慈善救济工作。在城镇，各种行业组织和会党组织也层出不穷。这些都是我国非营利组织发展的前期雏形。

1870 年，香港东华三院成立，为低下阶层的市民提供赠医施药、义学、施棺赈灾等服务。东华三院是我国第一个西式中用、以现代医院形式提供中医中药诊病治疗的医院。从 1880 年起，东华三院开始兴办义学，并于 1920—1930 年逐步走向现代学校模式，为贫苦儿童提供教育。1882 年 11 月，香港保良局成立，致力于防止诱拐，保护无依妇孺，并协助华民政务司调解家庭与婚姻纠纷。

（二）20 世纪初到中华人民共和国成立前的非营利组织发展

20 世纪初到 1949 年中华人民共和国成立前，中国处于各种势力相互争夺的特殊历史时期。国外的非营利组织来到中国并开始传播其理念和主张，我国的一些先进知识分子在引入和借鉴的基础上，纷纷创办了以现代理念为指导的民间社团，促进了中国社会的进步与发展。

清末时期，资产阶级维新变法和革命运动兴起，学人结社得到进一步发展，出现了各种学会，比如“湘学会”“圣学会”“南学会”等。

1911年中华民国成立后，全国出现了一波结社浪潮。1912年全国仅有57家商会，到1915年增长到1 242家。[①] 1916年袁世凯死后的政治混乱和军阀混战，暂时中断了我国的社团发展。1919年"五四运动"之后，我国的民间结社运动开始兴起。20世纪20年代初，我国的大城市中出现了一些青年团体、学会、文学俱乐部和互助合作社等组织。20年代中期，为了获得广泛政治支持，国民党和共产党都花大量力气组建工会和农会。[②]

1932年，为了规范社团管理，国民政府公布了《修正民众团体组织方案》，这是中国第一部关于非营利组织的专门法律规范。该方案将民众团体分为：农会、渔会、工会、商会、工商同业会、学生会、妇女会、文化团体、宗教团体、公益团体、自由职业团体和其他经核准的民众团体。该方案规定了民众团体必须尊重的原则和申请登记程序，强调民众团体对于国民党的绝对服从和中央统一管理。1942年2月，国民政府颁布《非常时期人民团体组织法》，规定社团必须在政府进行登记，当年登记团体共1.725万个。[③] 1942年4月3日，中国共产党领导的陕甘宁边区政府颁布《陕甘宁边区民众团体组织纲要》和《陕甘宁边区民众团体登记办法》，规定了民众团体的自愿原则、经费自筹原则、公益原则和登记原则等基本原则。

在民国期间，由于当时的社会动荡、战事频发，国民政府的救灾救济能力不足，大量的救济工作只能由慈善组织承担。在这一时期，我国慈善社团的数量发展较快。据国民党中央社会部1946年底的统计，全国29个省市共有救济机构3 045个，其中私立的有1 011个，约占33%。1948年《中国年鉴》披露：当时全国有4 172个救济机构，其中私立的有1 969个，占47%。在众多的民间慈善救济机构中，影响较大的有中国红十字会、

---

① 王绍光，何建宇．中国的社团革命：勾勒中国人的结社的全景图［J］．浙江学刊，2004（6）．

② 王绍光．政治文化与社会结构对政治参与的影响［J］．清华大学学报（哲学社会科学版），2008（4）．

③ 王绍光，何建宇．中国的社团革命：勾勒中国人的结社的全景图［J］．浙江学刊，2004（6）．

中华慈幼协会、战时儿童保育协会、香山慈幼院、华洋义赈会等。①

二、中华人民共和国成立后的非营利组织发展

中华人民共和国成立后，我国非营利组织的发展经历了萌芽阶段、停滞阶段、复苏发展阶段、迅速发展阶段等四个阶段。

（一）非营利组织的萌芽阶段（1949—1966 年）

1949 年中华人民共和国成立后，从根本上改变了国家的社会结构。我国采取了苏联的计划经济模式，通过对社会生活各个方面实施的全面控制，以及自上而下建立的“单位制”，形成了国家统揽一切的“总体性社会”（Totalitarian Society）。在当时的社会中，人们都是依附于单位，故而民间不存在任何自由的空间。政府和单位全部包揽了公民福利、救灾救济、就业帮扶等事项。政府对慈善事业的认识陷入了误区，慈善被指责为是宗教行为和资本主义的伪善，认为民间无需参与救灾、扶贫等工作。即使在 1959—1961 年“三年自然灾害”和 1976 年唐山大地震期间，我国政府都没有接受任何民间捐赠和国际援助。

在中华人民共和国成立初期，我国政府对社团进行了清理和整顿工作，国家取缔了会党组织、反动政治团体、带有封建色彩的组织和部分宗教性的社团。此前建立的慈善堂、救济院、教养院等慈善组织全部被收归国有，成为了事业单位性质的福利院、敬老院等。对政治倾向明显、在国家政治生活中有较大影响力的组织，如中国民主同盟、中国民主促进会、中国民主建国会、中国农工民主党、九三学社等八个社团组织，在政治协商制度下，将其划归为民主党派，从而与一般的社会团体相区别。自此，中国的民间社会团体都不再具备政治性。1954 年我国颁布了《中华人民共和国宪法》，其第二章第三十五条规定：“中华人民共和国公民有言论、出版、集会、结社、游行、示威的自由。”这是非营利组织存在的最基本的保障和支持。

① 林万亿．福利国家：历史比较的分析［M］．台北：巨流图书公司，1994.

1950年6月28日，中央人民政府委员会第八次会议通过了《中华人民共和国工会法》，对工会的性质、权利与责任、基层组织、经费等做出规定。1950年7月14日，政务院第41次会议通过了《农民协会组织通则》，对农民协会的性质与任务、会员及其权利与义务、组织原则与组织体系、经费等问题做出了明确规定。1950年9月，政务院第52次政务会议通过了《社会团体登记暂行办法》，规定了社会团体的类别、登记的范围、筹备登记、成立登记的程序、登记原则、登记事项以及处罚等内容。该办法将社会团体分为人民群众团体、社会公益团体、文艺工作团体、学术研究团体、宗教团体等五类；规定全国性社会团体向内务部申请登记，地方性社会团体向当地政府申请登记，这就确定了社会团体的分级登记原则，形成了社会团体分级登记管理体制。1951年3月，内务部制定了《社会团体登记暂行办法实施细则》，确立了内务部和地方政府对社会团体依法登记管理的法律地位。但是，这两部法规在1956年之后就被弃用。1956年后，各党政部门都在进行社团成立的审批，社团不再集中登记管理，这种情况一致持续到20世纪80年代末。

从20世纪50年代初到60年代中期，我国非营利组织在数量上有了较大增长。当时的非营利组织以政府发起的社团为主，在党的领导下开展工作，主要服务于工人、青年、妇女、华侨等群体，起到统战作用，不具备任何独立性。到1965年，全国性社会团体达到近100个，地方性社会团体达到6 000多个。①

（二）非营利组织的停滞阶段（1966—1978年）

从1966年“文化大革命”开始到1978年改革开放前的十余年间，中国的政治、经济、社会、文化等方面都遭受了巨大损失，法律法规遭到无视，国家一度陷入混乱状态。社团的发展陷入了瘫痪、扭曲和停滞状态，社会团体登记工作停顿，几乎所有社团都停止了活动。

① 王名，刘国翰，何建宇．中国社团改革：从政府选择到社会选择［M］．北京：社会科学文献出版社，2001.

在“文革”期间，“红卫兵”非常活跃，成为了以青少年为主体的群众性组织，共青团在当时已经几乎瘫痪。“红卫兵”的主要手段有“大字报”“大批斗”“破四旧”“抄家”等，打砸抢行为时有发生。1967 年“文革”进入夺权阶段之后，“红卫兵”分裂为不同的派别，以致发展到大规模武斗。1979 年 10 月，“红卫兵”被中共中央宣布正式解散。

在同一时期，1966 年 4 月，台湾慈济佛教功德会（简称“慈济”）由证严法师在花莲创立，秉承“无缘大慈、同体大悲”的理念，成为台湾最成功的“佛教在人间”的实践模式。1968 年 11 月，香港公益金成立，为其资助的社会福利机构筹募捐款。1976 年，香港乐施会成立，为世界各地的扶贫工作筹款，致力于消除贫穷以及与贫穷有关的不公平现象。

（三）非营利组织的复苏发展阶段（1978—1998 年）

1978 年，党的十一届三中全会召开，国家实行改革开放政策。在经济领域，市场经济体制逐步取代了计划经济体制；在社会领域，社会的结构日益多元化，社会的异质性逐渐增强，整个社会从“总体性社会”进入了“分化性社会”。正是这一深刻而影响深远的社会结构变迁，催生了非营利组织的兴起。这一阶段非营利组织的总体特点是：非营利组织的数量迅速增加、独立性明显增强、活动领域扩大，对非营利组织的管理日益规范。

改革开放之后，被“文革”中断的社团开始活动。20 世纪 80 年代初期，大量的非营利组织开始涌现，比如慈善组织、服务性组织、中介组织、行业组织等，这些组织覆盖的领域非常广泛。1981 年 7 月，中国儿童少年基金会成立，是中华人民共和国成立后的第一家国家级公募基金会。1982 年 5 月，中国宋庆龄基金会成立，其主要功能是开展两岸交流，促进祖国统一。1987 年，中国人口福利基金会成立，组织实施“幸福工程”救助贫困母亲、资助困难家庭的行动。与此同时，中国社会开始向国外非政府组织开放。1988 年 5 月，美国福特基金会（Ford Foundation）在北京设立办事处，成为第一家被允许进入中国大陆开展活动的外国非政府组织。1988 年 12 月，中国妇女发展基金会成立，其宗旨是维护妇女权益，提高妇女素质，促进妇女和妇女事业发展。1989 年 3 月，中国青少年发展基金会成立，并于同年 10 月发起“希望工程”，这是我国社会参与最广泛、影响力最大的公益项目。同年 3 月，中国扶贫基金会成立，其宗旨是扶持贫困社区和人口改善生产条件、生活条件、健康条件，并提高其素质和能力，实现脱贫致富和持续发展。

针对全国性组织发展过快、一哄而起的问题，1984 年 11 月 17 日，中共中央、国务院下发《关于严格控制成立全国性组织的通知》，要求严格控制成立跨行业、跨部门、跨地区的全国性组织。但这一趋势并未得到遏制，到 1989 年，我国全国性社会团体的数量达到 1 800 个左右，比“文化大革命”前增长了 16 倍，地方性社会团体的数量达到近 20 万个，比“文化大革命”前增长了 33 倍。[①] 在 80 年代，我国文化类学术团体的发展速度较快。据不完全统计，1978 年恢复成立的各类学会、研究会及分科学会共 78 个，而这一数字到 1987 年底则发展到 48 270 个。[②]

在 80 年代末期，由于社团的过度无序发展导致了混乱局面，政府开始重视对社团的规范和管理。1988 年，国务院批准民政部设立社团管理司，实现了对社会团体的归口管理。同时，我国加紧针对非营利组织出台各项法律，1988 年出台了《基金会管理办法》，1989 年相继出台了《外国商会管理暂行规定》《社会团体登记管理条例》，这三部法规的出台初步奠定了我国非营利组织的法律框架。

20 世纪 90 年代初期，中国非营利组织的发展进入低谷。1990 年 6 月 9 日，国务院办公厅转发了民政部《关于清理整顿社会团体的请示》，在全国开展清理整顿社会团体（包括复查登记）工作，主要针对宣扬资产阶级自由化和非法组织，重点对象是社科和文艺类的社会团体。经过对社会团体的清理整顿与复查登记，使“原有 1 600 多个全国性社会团体，经确认登记后保留 1 200 多个；20 多万个地方性社会团体，经确认登记后保留

---

① 康晓光．转型时期的中国社团［J］．香港：中国社会科学季刊，1999（28）．

② 王名．社会组织概论［M］．北京：中国社会出版社，2010.

18 万多个。在复查登记中，对 120 个有严重违纪行为的社会团体进行了查处”①。

1992 年邓小平视察南方谈话后，党的十四大正式确定了建立社会主义市场经济体制的目标，破除了“左倾”意识形态的束缚，确立了“小政府、大社会”的改革目标。同年，民政部召开了首次全国社会团体管理工作会议。在经过一段时间的调整之后，我国的社会团体发展在 90 年代中期出现一个新的高潮。1996 年 7 月，中共中央政治局常委会专门开会研究了民间组织工作。在这一时期，政府开始鼓励社会资本进入公共事业领域，一种新的实体形式——“民办非企业单位”大量出现，公民个人和其他社会力量开始兴办学校、医疗机构、社会福利机构等。1996 年，中共中央办公厅、国务院办公厅下发《关于加强社会团体和民办非企业单位管理工作的通知》，正式将这类组织称为“民办非企业单位”，与“社会团体”相并列。1997 年 10 月党的十五大报告提出“要培育和发展社会中介组织”，以此作为促进经济和政治体制改革的一项重要举措。

20 世纪 90 年代，一些基金会在多年探索和运作后，打造出了一批优秀项目，如“希望工程”（中国青少年发展基金会）、“春蕾行动”（中国儿童少年基金会）、“幸福工程”（中国人口福利基金会）、“烛光工程”（中华慈善总会）。1992 年，邓小平为中国青基会“希望工程”的题词在《人民日报》等媒体上发表，并先后两次为“希望工程”捐款共 5 000 元，此后“希望工程”受到了全社会的广泛关注。1993 年 1 月，我国第一家以“慈善”命名的非营利组织——吉林省社会福利慈善总会成立。同年 4 月，中华环境保护基金会成立，是我国第一个专门从事环境保护事业的基金会。1995 年 9 月，我国承办了联合国第四次世界妇女大会和非政府组织妇女论坛，“非政府组织”（NGO）一词在国内

① 《中国民间组织年志》编辑委员会．中国民间组织年志首卷（下）[M]．北京：中国社会出版社，2005.

开始广泛传播，这给了我国非营利组织学习借鉴国外先进经验的机会。我国最早的民间公益组织始于环保领域，比较知名的是1994年3月成立的“自然之友”、1996年成立的“北京地球村”。1995年10月，中国光彩事业促进会成立，是我国非公有制经济人士为配合“国家八七扶贫攻坚计划”而发起实施的一项社会扶贫事业。1997年4月，国务院办公厅转发了民政部《关于清理整顿社会团体的意见》，对民间组织进行了第二次清理整顿，清理对象是受西方敌对势力支持操纵并破坏政治、社会稳定的社会团体和民办非企业单位，从政治方向、业务活动、财务管理、组织人事、遵纪守法等方面进行检查。

(四) 非营利组织的迅速发展阶段 (1998年至今)

1998年以来，中国非营利组织迅速发展，这一阶段的主要特点是：①非营利组织的数量日益增多，实力不断增强。非营利组织在我国社会中的作用越来越凸显，不再局限于少数特定领域，而是参与到了社会生活的方方面面。②非营利组织的独立性和自主性逐步增强。传统的官办非营利组织与政府之间脱离了行政隶属关系，广大非营利组织焕发出了强大的生机和活力。③政府与非营利组织的合作成为潮流。在非营利组织影响力逐渐增强的情况下，政府更加重视与非营利组织的合作，希望发挥其在解决就业、扶贫、环境保护、应急救援和社区服务等方面的积极作用。

以下分别从党和政府的政策、法制建设、管理体制改革以及非营利组织自身四个方面，对这一时期非营利组织的发展进行介绍。

1. 党和政府的政策方面的发展

近十几年来，党和政府越来越重视非营利组织的发展问题，党的历届全会报告都专门说明非营利组织的地位和作用。2004年党的十六届四中全会首次提出“社会建设”“社会管理体制创新”“构建社会主义和谐社会”，体现了党对经济建设与社会建设关系的新认识，即在坚持以经济建设为中心的同时，更加重视并加强社会建设。2006年党的十六届六中全会通过《中共中央关于构建社会主义和谐社会若干重大问题的决定》，提出

“要规范社会组织、加强社会管理等方面的法律法规，支持社会组织参与社会管理和公共服务，健全社会组织，增强服务社会功能”。2007年党的十七大报告中新增“加快推进以改善民生为重点的社会建设”板块，正式将社会建设提高到了与经济建设、政治建设、文化建设同等重要的地位，明确提出要“加强社会组织建设与管理”。2011年公布的《中华人民共和国国民经济和社会发展第十二个五年规划纲要》把加强社会组织建设专门列为一章，明确提出“坚持培育发展和管理监督并重，推动社会组织健康有序发展，发挥其提供服务、反映诉求、规范行为的作用”。

2012年党的十八大报告将社会组织发展上升到新的高度，明确提出：“围绕构建中国特色社会主义社会管理体系，加快形成党委领导、政府负责、社会协同、公众参与、法治保障的社会管理体系，……加快形成政社分开、权责明确、依法自治的现代社会组织体制。”“强化企事业单位、人民团体在社会管理和服务中的职责，引导社会组织健康有序发展，充分发挥群众参与社会管理的基础作用。”2013年党的十八届三中全会通过了《中共中央关于全面深化改革若干重大问题的决定》，提出“国家治理体系和治理能力现代化”，“治理”概念被提到了新的历史高度，强调“要改进社会治理方式，激发社会组织活力”。2016年公布的《中华人民共和国国民经济和社会发展第十三个五年规划纲要》提出，“支持行业协会商会类、科技类、公益慈善类、社区服务类社会组织发展。加快行业协会商会与行政机关脱钩，健全法人治理结构。推进有条件的事业单位转为社会组织，推动社会组织承接政府转移职能”。同年8月中共中央办公厅、国务院办公厅印发了《关于改革社会组织管理制度　促进社会组织健康有序发展的意见》，明确了我国社会组织改革发展的方向和路径，对社会组织的登记、扶持、监督管理和自身建设等方面提出了要求，是社会组织工作的纲领性文件。2017年党的十九大报告提出：“要推动协商民主广泛、多层、制度化发展，统筹推进政党协商、人大协商、政府协商、政协协商、人民团体协商、基层协商以及社会组织协商。”“加强社区治理体系建设，推动社会治理重心向基层下移，发挥社会组织作用，实现政府治理和社会调节、居民自治良性互动。”2022 年党的二十大报告提出：“完善协商民主体系，统筹推进政党协商、人大协商、政府协商、政协协商、人民团体协商、基层协商以及社会组织协商，健全各种制度化协商平台，推进协商民主广泛多层制度化发展。”“完善办事公开制度，拓宽基层各类群体有序参与基层治理渠道，保障人民依法管理基层公共事务和公益事业。”

2. 法制建设方面的发展

1998 年起，我国非营利组织的立法进程加快，修订了《社会团体登记管理条例》（1998 年），先后颁布了《民办非企业单位登记管理暂行条例》（1998 年）、《中华人民共和国公益事业捐赠法》（1999 年）、《中华人民共和国民办教育促进法》（2002 年）、《基金会管理条例》（2004 年）、《中华人民共和国慈善法》（2016 年）、《中华人民共和国境外非政府组织境内活动管理法》（2016 年）等一系列法律、法规，为中国非营利组织的法制化奠定了基础。在此期间，基金会从社会团体中独立出来，成为非营利组织中的一个类型。2021 年 1 月 1 日起施行的《中华人民共和国民法典》，明确了社会组织的法人地位，将法人分为营利法人、非营利法人、特别法人。非营利法人为公益目的或者其他非营利目的成立，不向出资人、设立人或者会员分配所取得利润的法人。非营利法人包括事业单位、社会团体、基金会、社会服务机构等。

3. 管理体制改革方面的发展

1998 年 6 月，国务院批准民政部“社会团体管理司”更名为“民间组织管理局”。2000 年，为适应政府机构改革的需要，按照国务院批准的《国家经贸委管理的国家局机构改革和国家经贸委机关内设机构调整方案》的要求，撤销了国家经贸委管理的九个委管国家局，包括国家国内贸易局、国家煤炭工业局、国家机械工业局、国家冶金工业局、国家石油和化学工业局、国家轻工业局、国家纺织工业局、国家建筑材料工业局、国家有色金属工业局。此次撤销的九个委管国家局，大都是

1998 年国务院机构改革时由专业经济管理部门改组而成的。这九个局的有关行政职能并入国家经贸委，相应组建十个综合性行业协会，包括：中国商业联合会、中国物流与采购联合会、中国煤炭工业协会、中国机械工业联合会、中国钢铁工业协会、中国石油和化学工业联合会、中国轻工业联合会、中国纺织工业联合会、中国建筑材料联合会、中国有色金属工业协会。

从 20 世纪 90 年代中期开始，以上海市浦东新区社会发展局委托上海基督教青年会管理浦东新区罗山市民会馆为起点，我国政府开启了与非营利组织在公共服务领域的合作历程。2013 年 9 月，国务院办公厅印发《关于政府向社会力量购买服务的指导意见》，明确提出力争到 2020 年，在全国建立比较完善的政府购买服务制度。近十年来，我国北京、上海、浙江、广东等各地政府通过政府购买服务的实施，极大地促进了非营利组织能力的提升，推进了公共服务的多元化供给。

4. 非营利组织自身方面的发展

2004 年发生的“怒江建坝事件”是我国非营利组织发展的标志性事件。2003 年，当地政府和电力公司开始筹划在怒江筑坝建设水电站，这一计划遭到了一些非营利组织的强烈反对，比如大众流域、绿家园、自然之友、地球村等环保组织，最终引起了国务院总理温家宝的重视，决定暂停在怒江上建坝。2004 年《基金会管理条例》颁布后，我国成立了一批有影响力的基金会。2007 年 3 月，友成企业家扶贫基金会成立，其使命是发现并支持以社会创新的方法解决社会问题的“新公益”领袖。同年 5 月，南都公益基金会成立，其使命是支持民间公益，扶植优秀非营利组织，基金会实施了“银杏伙伴计划”“景行计划”等支持型项目。同年，著名影星李连杰创立了壹基金，专注于灾害救助、儿童关怀与发展、公益支持与创新，后于 2010 年 12 月 3 日在深圳正式登记为公募基金会。2008 年 5 月，上海真爱梦想公益基金会成立，其使命是让孩子自信、从容、有尊严地成长，实施了“梦想中心”“梦想书屋”等项目。

2008年汶川地震发生后，据不完全统计，奔赴一线参与救灾的非营利组织有300多家，介入的志愿者达到300万人左右。[①] 在汶川地震、玉树地震、雅安地震的灾后救援中，非营利组织在救灾抢险、灾后重建、心理援助等方面都发挥了重要作用。2008年北京奥运会期间，志愿者为奥运会的成功举办做出了重要贡献，成为奥运会的亮丽风景线。但是，2011年公益行业的丑闻频发使非营利组织的公信力遭受质疑，“郭美美事件”“天价餐费事件”“尚德门事件”“河南宋庆龄基金会善款放贷事件”等，在全社会产生了巨大的负面影响。2011年，我国的社会捐赠总额比上一年下降了18.1%，中国红十字会的捐赠收入从30.12亿元下降到了5.58亿元。[②] 与此同时，民间自发的公益活动得到了公众的广泛支持。2011年媒体人邓飞在新浪微博上发起了“免费午餐”项目，得到了社会各界的广泛关注，在运行半年之后，国务院启动了农村义务教育学生营养改善计划。2012年起，中国公益慈善项目交流展示会（简称“慈展会”）开始举办，已成为全国最具影响力的慈善发展成果展示平台。2013年4月，中国慈善联合会成立，是我国慈善领域联合性、枢纽型的非营利组织。

第三节　我国非营利组织的发展规模与特点

一、我国非营利组织的发展规模

在一定程度上，非营利组织的发展水平是衡量一个国家文明程度的重要指标，通过加快非营利组织的发展，可以提升整个社会的文明程度。

（一）我国非营利组织的数量

近年来，我国非营利组织快速发展，在数量、就业人员、接收捐赠等方面都有了较大提升，并已初具规模。根据民政部《2021年社会服务发展

---

① 760亿元地震捐赠去向调查：80%捐资进入政府账户［N］. 中国青年报，2009-08-12.

② 黄志杰. 慈善微革命：中国慈善发生了什么？［J］. 瞭望东方周刊，2013（36）.

统计公报》，截至 2021 年底，全国共有社会组织 90.2 万个，比上年增长 3.6%；吸纳社会各类人员就业 1 100.0 万人，比上年增长 3.6%。全年共查处社会组织违法违规案件 8 594 起，行政处罚 8 024 起。

表 2-1　2021 年中国社会组织数量情况（按登记机关分类）

指标	社会团体	基金会	民办非企业单位
合计	371 110	8 877	521 883
民政部登记	1 972	215	92
省级民政部门登记	32 105	5 994	15 267
市级民政部门登记	90 690	1 877	65 321
县级民政部门登记	246 343	791	441 203

资料来源：民政部《2021 年社会服务发展统计公报》。

这些都是在各级民政部门登记注册的非营利组织，我国仍有很多不符合注册条件但依然发挥作用的非营利组织，它们没有任何法人身份，其数量比合法登记的非营利组织的数量还要多。

（二）我国慈善捐赠的情况

根据民政部《2021 年社会服务发展统计公报》，截至 2021 年底，全国共建立经常性社会捐助工作站/点和慈善超市 1.4 万个（其中，慈善超市 4 043 个）。全年共有 2 227.4 万人次在民政领域提供了 6 507.4 万小时志愿服务。全国社会组织捐赠收入 1 192.5 亿元，比上年增长 12.6%。截至 2021 年底，全国备案慈善信托 580 单，慈善信托合同规模 34.7 亿元。①

二、我国非营利组织发展的特点

我国非营利组织的发展受外部政治与经济环境的影响，正在呈现出加速变化的态势。随着我国公益慈善事业的发展，非营利组织的发展呈现出

① 民政部 . 2021 年社会服务发展统计公报 [EB/OL]. (2022-08-26). https://images3.mca.gov.cn/www2017/file/202208/2021mzsyfztjgb.pdf.

以下特点：

（一）非营利组织法律环境更加完善

近年来，随着国家对非营利组织建设与管理工作的重视，有关非营利组织的法律法规相继出台。在此前制定的《社会团体登记管理条例》《民办非企业单位登记管理暂行条例》《基金会管理条例》基础上，我国在2016年颁布了《中华人民共和国慈善法》《中华人民共和国境外非政府组织境内活动管理法》，在2017年颁布了《志愿服务条例》。这些法律的颁布实施，使我国非营利组织的法律环境更加完善。

（二）非营利组织的资金来源构成发生变化

以前，很多非营利组织的资金主要是来自于境外基金会的资助。2013年以来，随着我国政府购买服务的广泛开展，政府的资金支持成为很多非营利组织的主要收入来源。

据《慈善蓝皮书：中国慈善发展报告（2014）》显示，2013年全国政府购买社会组织服务的资金达150多亿元。民政部在2021年印发的《“十四五”社会组织发展规划》指出，中央财政设立支持社会组织参与社会服务项目，累计投入资金15.8亿元，直接受益对象1 300多万人次。与此同时，由于中国经济的高速发展，一些境外基金会的项目缩减或撤出中国，我国非营利组织的境外资助资金减少。

（三）互联网为非营利组织发展带来机遇

近年来，我国互联网的发展日新月异。互联网实现了传播方式的根本改变和前所未有的互动性，微博和微信的广泛使用加快了社交的频率。互联网为非营利组织带来的发展机遇主要包括：①有助于公益项目筹资。随着智能手机App的兴起、互联网的广泛应用，公众的捐款更加方便。2011年新浪微博上的“随手拍解救被拐儿童”活动和“免费午餐”活动，初步显示了新媒体在公益领域的巨大潜力。《2022年微博社会责任报告》显示，2022年，微公益平台新上线了897个公益项目，覆盖应急救灾、医疗救助、儿童女性保护、教育助学、乡村振兴、环境保护等七大领域；近500万微博网友捐赠善款约8 000万元，43万人次加入月捐计划；6 000多家公益官方微博发文近35万条，阅读曝光量37.5亿。②降低了非营利组织公开透明的成本。非营利组织在熟练使用互联网之后，在公开透明方面可以大幅度降低成本，方便公众对公益项目及捐赠工作的了解。③充实了社会监督的力量。互联网和新媒体的出现使监督随时都可以进行，方便公众更加快捷地进行监督。

（四）公益筹款活动形式更加多样

我国传统的筹款方式往往是悲情式的，或以行政手段开展劝募，形式比较单一，现在的公益筹款活动形式具有多元化的特点。

1. 更加注重专业性

传统的筹款活动往往用救助对象的照片、视频或悲情故事来打动劝募对象，让他们在受感动的状态下发生捐助行为。现在，非营利组织更多是通过较高的透明度，及时反馈收支状况和救助进展，来向捐赠人表明自己的专业性和规范性。

2. 更加注重参与性

在筹款活动中借助互联网技术和社会化媒体，每个人都可以以各种方式参与公益。比如阿里巴巴支付宝客户端的“蚂蚁森林”是支付宝为首期“碳账户”设计的公益行动：用户通过步行、在线缴纳生活费用、网络购票等方式就会减少相应碳排放量，在支付宝里种下一棵虚拟树，每天积累碳能量，精心培育树苗，待这棵树长大后，支付宝蚂蚁生态伙伴们就可以买走用户的树，在现实中某个地域种下一棵真正的树。2021年，腾讯公益用户特有的小红花爱心账户上线，每位用户都拥有属于自己的爱心账单，捐赠会议时间、腾讯视频积分、步数等都可以获取小红花。2021年，腾讯公益用户收集的小红花数量总和高达4.6亿朵，通过捐步做公益的高达2.3亿人次，整个腾讯公益平台共有1.5亿人次用户捐赠54.46亿元。这种方式让公众积极地参与进来，而不是单纯捐款捐物，形成了全民公益的氛围。

3. 更加注重体验性

公众以前参与公益活动只是旁观者，现在还可以感同身受地体验受助者的处境。2014 年 8 月从美国传入的“冰桶挑战”活动让每个参与“冰桶挑战”的人都可以亲身体会到“渐冻人”的痛苦。2014 年 10 月，中国扶贫基金会发起“饥饿 24 小时”公益体验活动，邀请参与者 24 小时不进食体验饥饿，倡导公众体验饥饿、关注全球贫困儿童。此后，类似模式的公益筹款活动更加普遍。

（五）公益人才培养加快推进

我国公益慈善事业专业人才匮乏的状况得到政府的重视。2011 年 7 月 15 日，民政部发布《中国慈善事业发展指导纲要（2011—2015 年）》，纲要提出依托高等院校、科研机构和大型公益慈善组织，加快培养慈善事业发展急需的高级管理人才。2012 年底，民政部正式启动了《中国公益慈善人才培养计划》，计划通过三年时间建立慈善人才培养体系。

我国公益人才培养主要通过两个方面开展：①社会培训项目。2013 年 10 月由中国慈善联合会指导，中民慈善捐助信息中心和老牛基金会共同发起的“慈善千人计划”，将目标明确指向公益领域的“职业经理人”，在五年内培养 1 000 名慈善组织领军人物。2019 年 11 月，中华志愿者协会、中民社会救助研究院提出未来三年内联合孵化 100 家志愿服务组织，培训 1 000 名志愿服务管理人才。此外，还有广东千禾基金会的“青年公益人才培养计划”、海南成美慈善基金会的“青年创想计划”等。②高校培养项目。2012 年 5 月，上海宋庆龄基金会、基金会中心网、北师大珠海分校三方合作建立宋庆龄公益慈善教育中心，在中国高校率先开展公益慈善领域本科层次专门人才的培养。2012 年，由友成企业家扶贫基金会、基金会中心网及中国人民大学非营利组织研究所共同发起的“百人计划”在京启动，旨在将其培养成为同时拥有扎实的专业技能以及中西方的实践经验的中国公益事业未来领袖。

(六) 社区社会组织加快发展

社区社会组织是基层社会领域中最为重要的组织形式之一，是当前我国政府着力发展的非营利组织类型。社区社会组织在推动政府职能转移、促进基层社区自治、为居民提供多样化服务、繁荣社区精神文化生活方面发挥重要作用。我国在 2011 年公布的“国民经济和社会发展第十二个五年规划纲要”中，将城乡社区社会组织确定为重点培育、优先发展的社会组织。2015 年 10 月，民政部召开全国社区社会工作暨“三社联动”推进会，提出到 2020 年全国绝大部分城市和农村社区要形成完善的社区服务体系，对社区社会组织的数量做出明确要求，即每个城市社区至少有十个以上，农村社区至少有五个以上。2020 年 12 月，民政部办公厅印发《培育发展社区社会组织专项行动方案（2021—2023 年）》，从培育发展、能力提升、作用发挥、规范管理四个方面对社区社会组织工作作出安排。

社区基金会是社区社会组织的一种。社区基金会的工作人员、筹资、服务和项目都基于本地社区实际，以解决社区的问题为首要目标。2014 年开始，社区基金会开始在我国兴起。2014 年 3 月，深圳市出台了《深圳市社区基金会培育发展工作暂行办法》及有关配套政策，为社区基金会的发展做出制度安排。目前，深圳、上海、北京、南京等地都成立了多家社区基金会。

社会工作服务机构主要立足于社区，为社区发展提供助推力。2010 年中央印发《国家中长期人才发展规划纲要（2010—2020 年）》，第一次将社工人才作为一支独立的人才队伍纳入到国家人才工作全局，将社工专业人才提升为与党政人才、企业经营管理人才、专业技术人才、高技能人才和农村实用人才相并列的第六支主体人才。2014 年《民政部关于进一步加快推进民办社会工作服务机构发展的意见》强调，着力破解制约民办社工机构发展的瓶颈问题，实行强化监督管理、推动信息公开等在内的多方面措施，培育、扶持民办社工机构的发展。

（七）社会企业与影响力投资开始实践探索

社会企业以实现社会目标为价值追求，采取商业化的经营理念和运作方法，将商业模式与社会公益结合起来，实现自身的可持续发展。在过去几年中，社会企业概念在我国社会广泛传播，有更多人了解和接受了这一新理念，出现了深圳残友集团、北京富平学校、乐朗乐读、善淘网、天津鹤童养老院等典型社会企业。2011 年，北京出台了《中共北京市委关于加强和创新社会管理　全面推进社会建设的意见》，文件提出“积极扶持社会企业发展，大力发展社会服务业”。

广东顺德围绕“城市升级引领转型发展、共建共享幸福顺德”的战略目标，在社会建设、社会创新等方面不断探索与创新，社会企业成为顺德改革创新发展中的亮点。2012 年 6 月，顺德区政府出台了《顺德区推动公益创新发展实施方案》。2014 年 9 月，顺德出台了《顺德区社会企业培育孵化支援计划》，从组织类型、业务类型、利润分配、企业章程（含资产处置、治理结构）、经营年限等维度对社会企业进行认定。

2007 年，美国洛克菲勒基金会提出了一个全新的概念“影响力投资”。与传统投资模式相比，影响力投资对回报的方式和收益率的要求更加灵活，影响力投资也追求财务回报，但它是“耐心资本”。我国的一些非公募基金会已转型为社会影响力投资基金，有的成立了资产管理投资部门。2007 年以来，我国出现了一些专门的社会投资机构，如爱维稳特、LGT 公益创投、岚山资本等。2014 年 9 月 3 日，我国 16 家机构（其中 11 家基金会）在北京联合发起了“中国社会企业与社会投资论坛”，致力于推动社会企业和社会投资的发展，内容包括主论坛、若干分论坛、圆桌对话、社会企业路演等，并于 2018 年 5 月正式注册为北京市级民办非企业单位。2014 年 9 月 19 日，另一家支持社会企业的行业性机构——“社会价值投资联盟”在第三届中国慈展会开幕当日正式成立，并于 2016 年由深圳市民政局社会组织管理局批准成立，成为国内首个社会价值投资联盟。

第四节　我国非营利组织存在的问题与对策

一、我国非营利组织存在的问题

尽管我国非营利组织的发展取得了显著成绩，但是我们也应该明确认识到，与我国社会需求不相协调的是，我国非营利组织的发展还存在一些局限和不足。这些不足影响非营利组织的作用发挥，影响广大群众对非营利组织的正面认知。

（一）力量比较薄弱

与其他国家相比，我国非营利组织的总体数量并不少，但是它们的规模普遍较小、力量十分薄弱，其中有不少是已经陷入停滞的组织，没有任何资源和项目。随着我国国际影响力的增强，我国也需要有国际影响力的跨国非营利组织，对外彰显中国的软实力，但这样的非营利组织在我国还很少。在功能发挥上，我国非营利组织还不能满足社会发展的现实需要。由于受能力局限，大部分非营利组织只能开展一些比较简单的志愿服务，不能承接政府职能转移或为群众提供公共服务，无法协助政府参与社会管理。

（二）偏离组织使命

一些非营利组织在运作中违背了自身宗旨，主要体现在两个方面：①以营利为目的。有些非营利组织在建立之初的公益性较强，但随着专职人员的增多，维系自己的生存成为了首要任务，它们有着较强的逐利倾向；有些非营利组织将公益作为一种道德绑架，在获取社会支持的同时，将公益作为自己不法行为的“挡箭牌”；还有些非营利组织成立的初衷就是为了获取减免税待遇，能以较低的价格拿地，从而获得比其他企业更高的利润。②行政化色彩浓厚。社会团体占我国非营利组织总数的近一半，其中有大量的社会团体最初是由政府机构改制而来，由政府人员担任组织的负责人。它们与政府之间更像是上下级关系，或是政府的一个部门或延伸。很多非营利组织依靠政府的资源和权威开展业务，通过行政手段进行募捐。

（三）面临资金短缺

我国非营利组织普遍面临资金不足的困难，这也导致了人才流失严重、服务水平低下和创新能力不足等一系列问题。

非营利组织的资金主要来自于政府购买服务、社会捐赠、基金会资助、国际资助。目前，我国非营利组织的各筹款渠道都存在一定的问题：①地方政府对非营利组织的财政支持仍然不足，在很多二三线城市还没有开展政府购买服务，单个项目的资金量过少，而且资金发放的周期较长，购买服务政策的波动性比较大。②受制于我国现阶段的社会发展水平，公众的慈善捐赠仍然处于较低水平。企业捐赠往往受到自身经济条件的限制，经常附加不合理的条件。同时，由于政策限制，多数非营利组织都没有公开募捐资格，由于不具备公信力和品牌知名度，它们的公众筹款数额很少。③基金会的数量不多，其中的资助型基金会更少，只有少数非营利组织能从基金会获得资助。④由于中国经济的持续快速发展，许多国际组织和外国政府纷纷调整战略方向，终止或减少了对中国非营利组织的资助。

即使非营利组织获得了以上的这些资金，其中也通常不包含专职人员工资和行政办公经费，导致非营利组织缺乏维持自身运作的经费。在这种情况下，我国非营利组织往往是依靠创始人的个人资金投入，后续发展的资金不足，导致可持续发展能力受限。

（四）缺乏高素质专业人才

由于非营利组织存在发展不成熟、社会地位偏低、规模较小、工作条件差、薪酬缺乏保障等诸多问题，非营利组织对高素质人才的吸引力不足，还面临着人才流失的困境。根据北京公旻汇咨询中心发布的2016年《中国公益组织从业人员薪酬调查报告》，公益组织从业人员的月工资收入情况是，工资收入在7 000元以下的群体占77.0%，3 001~5 000元之间的占34.9%，3 000元以的下占23.2%，超过1/3的公益从业者没有基本社保。根据ABC美好社会咨询社发布的2020年《公益行业薪酬与人才管理实践调研报告》，社会组织的基层员工年度固定薪酬标准范围为51 200~82 000元；中层员工年度固定薪酬标准范围为87 200~120 000元；高管层年度固定薪酬标准范围为118 400~180 000元。

非营利组织的运作往往是依赖于创始人或个别“精英”的能力，由于人员的流失率过高，其员工基本上都是工作不久的新人，缺乏有经验的中层管理者，基层工作人员的能力更加欠缺。有些非营利组织的工作人员素质不高，未经过专业培训，缺乏基本的价值观以及项目管理知识和调控能力。一些非营利组织的活动过度依赖志愿者，使活动的不可控因素增加，项目质量和效果难以得到保障。由于缺乏专业人才，影响非营利组织的发展水平和整体素质，导致其管理能力、创新能力、可持续发展能力不高，承担公共服务的能力不强，专业服务质量难以保证。

(五) 内部治理不完善

很多非营利组织的内部治理缺乏规范性，组织结构、规章制度不完善，没有建立规范的决策机制、议事规则、激励机制、监督机制、财务机制。而且，非营利组织的理事会、监事会机制不健全，内部制衡往往流于形式，导致其宗旨、使命难以真正实现。即使制定了一些制度，也没有真正贯彻执行。有些组织个人权力高度集中，更多的是依靠人治，严重缺乏内部监管。

(六) 社会公信力不高

公信力是非营利组织的生命线。我国公众对非营利组织的了解和认识不多，受传统文化影响，在出现问题和需要帮助时，公众首先还是想找政府寻求帮助，而不是非营利组织。非营利组织内部存在鱼龙混杂、良莠不齐的问题，不少组织是“挂羊头、卖狗肉”。一些非营利组织的自我问责意识不强，信息不透明、财务管理混乱、违规开展业务、内部管理松散的问题较为突出。一旦某个非营利组织发生丑闻，整个公益行业的公信力都会受到影响。2011 年“郭美美事件”等一系列慈善丑闻发生后，导致了非营利组织的公信力大打折扣。

二、推动我国非营利组织发展的对策

非营利组织的发展状况，既是衡量一个国家发展程度的指标之一，也是社会文明与否的一项重要标志，我国应该大力推动非营利组织的健康有序发展。针对我国非营利组织存在的问题与困境，可以采取以下对策来推动它们的发展。

（一）形成发展非营利组织的社会氛围

在全社会加大宣传力度，让公众更加了解非营利组织的作用，加深公众对公益事业的理解和认识，形成发展和支持非营利组织的氛围，增强公众参与慈善捐赠、互帮互助、志愿服务等活动的积极性，帮助非营利组织完成使命目标。

（二）加强组织内部规范管理

非营利组织的本质是非营利性的，要提升和维护非营利组织的自身形象，就要加强内部规范管理，可以采取以下措施：①明晰产权关系，界定组织现有资产的归属，确定各个利益主体的权属；②完善内部治理机制，健全会员大会、理事会、监事会制度和重大事项请示报告制度，强化组织章程制度；③做好信息披露工作，在本机构网站、主管部门官网、所属行业网站公开披露募捐情况、资金使用情况、行政费用比例、服务对象受益情况等，严格审核财务信息，对大额捐赠人单独出具捐赠资金使用报告，邀请捐赠人参与项目直接进行监督，让捐赠人知晓善款的使用情况及社会效益，增加彼此的信任；④政府部门要坚持依法行使职权、依法进行监督，业务主管单位和登记管理部门要各司其职、相互合作，形成有关部门间的信息交流与共享机制。

（三）提高筹款能力

非营利组织要争取社会各方的支持，拓宽资金来源的渠道，使用多样化的筹款工具，从而规避单一资金渠道的风险，可以采取以下措施：①争取政府部门资助。随着政府购买服务的推行，从中央到地方各级政府的很多部门都有购买服务项目的支持，社会组织应积极争取。②扩大社会捐赠收入。在社会上倡导高收入阶层和普通民众的捐赠行为，推动企业履行社会责任，提高利用社会资源的能力。③主动与基金会开展项目合作。主动增加与基金会的接触，获得基金会的信任，积极向基金会申请项目和开展合作。④增加营业服务收入。非营利组织不是不能收费，也不是不能获取盈利，只是收入所得不得进行分红。非营利组织应努力提高营业服务能力，在对顾客提供服务时适当收取能弥补成本的基本费用，通过市场化的服务获得收入，以满足自身发展对资金的需要。

（四）加大培育扶持力度

政府要把非营利组织建设及管理作为推进社会建设的重要举措，实行积极引导发展与严格依法管理并重，加大培育扶持力度，推动非营利组织发展从注重数量增长、规模扩张向能力提升、作用发挥转型，可以从以下几个方面着手：①进一步推进政府职能转变，厘清政府、市场、社会三者之间的关系，将原本由政府管理的一些社会公共事务转移给非营利组织，制定向非营利组织转移职能的事项目录，提高社会服务工作的质量；②在更深层次上推进政府向非营利组织购买服务制度，并完善购买服务的财政机制，在项目中解决非营利组织专职人员经费问题，加强购买服务项目的规范性；③改变双重管理体制对非营利组织成立的束缚，降低非营利组织的准入门槛，简化非营利组织的登记、变更、注销等环节的手续；④允许公益慈善类、社区服务类非营利组织的名称加“字号”，允许同一行业根据实际需要成立多个行业协会；⑤在各地建立非营利组织孵化园或孵化基地，为非营利组织提供政策咨询，开展培训工作，形成“政府投入资金、专业团队运作”的培育模式；⑥完善与落实非营利组织的税收优惠政策，发挥税收政策的激励作用。

（五）加强人才队伍建设

非营利组织要取得成功，专业人才是关键。工作人员不仅要有利他主义的奉献精神，还要有所需的专业知识和特定技能。非营利组织要建立志愿者参与志愿活动的规范体系。

为了打造一支高素质、职业化的非营利组织人才队伍，可以采取以下措施：①政府要将非营利组织的人才纳入各地人才培养的统一规划，完善非营利组织人才的资格认证、职称评定、岗位晋升、人才流动、档案管理等政策；②引进和推荐资深社会工作者担任非营利组织负责人；③提高非营利组织人才的待遇水平，能够留得住专职人员，吸引更多优秀人才到非营利组织工作；④通过业务培训、经验分享、合作培养等方式，提升非营利组织人员的专业能力；⑤在更多高校开设社会工作或社会组织管理专业与课程，开发契合实际需求的培训教材和培训课件，培养社会组织专门人才。

关键术语

济贫法　全球结社革命　COMPACT　社会企业　社会创新　社区利益公司
义仓　义社　公益人才　社区社会组织　社区基金会　影响力投资
公信力　规范化建设　培育扶持

复习思考题

1. 全球非营利组织的演进历程可以分为哪几个阶段？
2. 我国非营利组织的演进历程可以分为哪几个阶段？
3. 中华人民共和国成立后的非营利组织发展可以分为哪几个阶段？
4. 我国非营利组织发展的特点有哪些？

5. 互联网为非营利组织发展带来了哪些发展机遇？

6. 公益筹款活动的形式发生了哪些变化？

7. 我国非营利组织存在的问题有哪些？

8. 推动我国非营利组织发展的对策有哪些？

第三章　非营利组织的理念与原则

【本章提要】

本章介绍非营利组织的理念与原则，共分为四节内容：第一节是对公益行业的认识误区辨析：做公益只是富人的事？公益都是很简单的事情？公益零成本？做公益就要低人一等？企业的公益行为没有前提条件？公益募捐就是悲情苦情？第二节是机构定位与发展的原则，主要介绍正确定位原则、量力而行原则、公开透明原则、有效性原则、资源节约原则。第三节是志愿者管理的原则，主要介绍自愿性原则、安全性原则、尊重和包容原则。第四节是公益捐赠与救助的原则，主要介绍基于受助群体的需求提供救助、尊重捐赠人的意愿、确保救助资金用于公益、重视受助群体心理意识上的改变、尊重受助者的人格尊严、公益救助标准应适度。

非营利组织的管理是在一定的理念和原则指导下的管理。非营利组织是一种特殊类型的组织，它们不以获取利润最大化为目标，而是突出社会服务价值，其理念、使命、定位和运作方式都不同于政府和企业。

非营利组织只有在明确了理念和原则之后，才涉及管理方法与技术的问题。当前，我国非营利组织存在着使命感不强、定位模糊、管理方式不得当的问题，需要有明确的理念和原则作为指导。

第一节　对公益行业的认识误区辨析

在我国的社会上甚至在公益界内，存在着一些对公益行业的认识误区，这些误区在一定程度上影响了人们对非营利组织的认知，也不利于其发展。

一、做公益只是富人的事？

很多人认为，做公益是一种有着较高门槛的个别人的行为，应该是有着雄厚资本的富人们捐款捐物，或者是社会名流、文体明星参与的慈善晚宴。在他们看来，公益是距离普通人很远的一件事。有些人的收入很低或者存款很少，不具备捐款的能力，是不是就不能做公益了？

其实，并不是必须有雄厚资金才能做公益，也不是必须达到衣食无忧的程度才能做公益。捐款不是做公益的唯一形式，个人在自己能力有限的时候，做公益的形式也很多。很多公益就是举手之劳，一个人只要有一颗爱心，愿意身体力行，就可以做公益。比如看到有盲人过马路，可以为其带路；在旅游风景区看到有人乱扔垃圾，可以顺手捡起并扔到垃圾桶里；在公共汽车上，可以主动为老人和孕妇让座；可以将自己家里的垃圾简单分类，将废旧物品做成手工制品，把厨余垃圾做成肥料用来施肥；看到街头献血车，可以主动过去献血；可以利用自己在学校所学的专业知识，定期去打工子弟学校做支教，帮助所在地区的非营利组织做事，等等。实际上，做公益不需要多么惊天动地，现在特别提倡“微公益”，一个人只要有善心，随时随地都可以行善。如果每个人都能从小处着眼，经常做一些随手的、细微的好事，整个社会就会形成一种向善的改变，让一切变得更美好。

二、公益都是很简单的事情？

虽然公益已经引起越来越多人的重视，但是很多人对公益的理解还比较肤浅。有些人认为，公益是很简单的事情，是在业余时间做的，不需要投入很多精力和思考；还有人认为公益不需要有专职人员去做，非营利组织不需要专业化。

实际上，与社会上的其他行业一样，公益行业同样也需要专业化，专业化和职业化是整个公益行业发展的必经之路。只有专业人才能做专业事，并非只靠热情和奉献就能做好公益。在非营利组织从创立到发展的过程中，管理者应该对组织的战略定位、人力资源管理、项目设计与管理、资金筹集、服务技能、媒体传播、档案管理、财务管理等有清晰的认识。非营利组织只有具备一定的专业素养，在某个服务领域有自己的核心能力和实践经验，才能实现自身的可持续发展，更好地为社会服务。但是，很多非营利组织即使许诺高薪也聘请不到专业人才，这反映出了当前公益行业人才的匮乏。

近年来，在国内一些高校，已经设立了公益慈善事业管理或非营利组织管理的专业，专门培养公益慈善人才。与此同时，社会上针对非营利组织从业人员的培训项目越来越多。这些都表明，公益慈善专业教育正在迅速发展，越来越多的年轻人愿意学习公益和到公益领域就业，促使公益事业走专业化发展之路。

三、公益零成本？

有些人认为，做公益的人都应该是义务的，不能领取工资报酬，所有善款都要用于公益项目。有的人看到非营利组织的账目中有项目执行费，就质疑该组织贪污善款。加之受近年来“郭美美事件”“尚德诈捐门”“河南宋庆龄基金会挪用善款放贷”等公益丑闻影响，公众对非营利组织缺乏信任。在很多时候，外界不愿意支持非营利组织的管理费。

任何一个组织的运作，都需要以一定的人、财、物作为基础。非营利组织不以营利为目的，但是不意味着没有成本和支出。非营利组织的成本主要包括三部分：①人员工资和行政管理费用。即非营利组织的人员工资、房租、办公用品、交通等费用等。②筹款费用。非营利组织在募捐过程中，会产生交通费、活动举办费用、网站建设费用等，国外非营利组织的筹款费用一般会占到筹款收入的10%左右。③项目管理费用。非营利组织在项目执行过程中，会发生若干费用，比如工作人员差旅费、物资运送费、监测评估费等。以中国扶贫基金会在5·12汶川地震救灾中的执行费为例，项目执行费占总筹款额的6.27%。[①]

由此看来，非营利组织的运营都有成本，但为什么还有“公益零成本”的观念？这个观念的形成有一定的历史原因。目前，我国法律法规中并没有关于非营利组织运营成本如何承担的相关规定。在规范非营利组织的三个条例中，只有《基金会管理条例》规定：基金会工作人员工资福利和行政办公支出不得超过当年总支出的10%。这一规定被变相理解为，基金会可以从捐赠总额中提取不超过10%的管理费。但是并非所有的基金会都从捐款中提取了10%的管理费，大部分基金会提取的管理费都在5%以下。

“公益零成本”观念对非营利组织的发展有很大危害，如果把公益当成无需给予人力支持的行业，会导致非营利组织的发展陷入不可持续的困境。其结果是，非营利组织无法负担合理或较高的薪酬待遇，从而不能吸引高素质人才来就业，其员工无法实现职业化和分工细化，从而制约非营利组织的发展。这其中还有“道德绑架”的问题。公益慈善行业是服务行业之一，公益活动虽然不直接创造经济价值，但是具有一定的社会价值。非营利组织工作人员获得工资报酬，是对其劳动所创造的社会价值的报偿。非营利组织工作人员也要满足基本的生活需要，虽然他们的工资水平不应该过高，但是也不应该过低。

在“公益零成本”的社会氛围下，很多非营利组织将人员工资运营费用与筹集善款分开，主要做法有：①单独向公众、基金会或企业家募集运营费用。将运营费用作为一个单独项目进行筹款，以避免社会对他们产生挪用善款的误解。②由本组织的理事、创始人进行捐资以承担运营成本。比如成龙慈善基金会在筹款中，不从捐款中收取任何管理费用，所有运营

① 中国扶贫基金会．汶川地震善款和救援物资使用情况［EB/OL］．(2011-05-10)．http://www.gov.cn/jrzg/2011-05/10/content_1861186.htm.

成本由成龙本人承担。③进行投资活动，用投资收益负担运营成本。我国法律没有禁止非营利组织进行投资，2004 年颁布的《基金会管理条例》规定："基金会应当按照合法、安全、有效的原则实现基金的保值、增值。"①

四、做公益就要低人一等?

虽然公益人经常需要向外界筹款，而且需要的捐赠都是无偿的，这似乎给了外界一种"乞求"的感觉。有些人甚至认为，非营利组织的筹款活动与乞丐的乞讨活动没有什么区别。

虽然公益人总是要寻求别人给予帮助，但是公益人并不因此在人格上就低人一等。公益行业的工作与其他行业的工作一样，都是平等的。公益人不是弱者，他们只是在帮助困难人群的过程中需要得到外界的支持。如果公益人总是以弱者姿态示人，并不会赢得人们的尊重，捐赠方也不会信任这样的非营利组织。

清朝末年的教育家武训行乞兴学，但其行为备受争议。武训（1838—1896 年）是清末山东堂邑县（今山东冠县）人，他在历经了 30 年乞讨后，攒下了一些钱，在他 50 岁后兴办了三所义学，而自己仍然靠乞讨度日，直至死去。武训在行乞讨程中，剃掉自己的一半头发，以奇特的造型吸引人们的关注。他表演节目，给人当马骑，供人取乐，甚至吃粪便、砖瓦，以得到兴办义学的款项。武训的兴办义学行为，当时的清朝政府给予了高度赞赏，民国政府也举办了大规模纪念活动。诚然，武训兴办义学的精神值得我们尊重，但其放弃人格尊严做公益的形式，并不值得当代的非营利组织学习借鉴。

---

① 《基金会管理条例》（国务院令第 400 号）第四章第 28 条，2004 年 2 月 11 日发布，2004 年 6 月 1 日起施行。

五、企业的公益行为没有前提条件？

当前，做公益的企业越来越多。企业在捐赠后，也能够有所获益，比如可以享受减免税优惠，可以处理企业的库存产品，给企业带来宣传效果，提高企业品牌在社会上的美誉度，拓展企业在社会上的影响力。但是，有些企业连自己的分内工作都没有做好，甚至连员工的工资都发不出来，还在社会上大张旗鼓地做公益。那么，是否所有的企业都适合做公益，企业的公益行为有没有前提条件？

企业有了做公益的想法，想给外界捐款捐物的时候，首先要考虑自己的分内工作是否已经做好了。企业应该在履行基本责任的前提下，再做“分外的”公益活动。比如，企业生产的产品质量是否合格，是否为消费者提供了满意的、高质量的服务，是否存在假冒伪劣和欺骗消费者的情况；企业是否保障了员工的劳动权益，是否为员工提供了基本的薪酬待遇，有无拖欠职工工资的情况；企业是否在生产的同时保护生态环境不受破坏，其污水排放、噪声排放是否符合国家标准；企业是否存在偷税漏税、合同欺诈等违法违规问题，是否被列入了失信被执行人。如果企业将公益行为作为包装企业形象、掩盖非法行为的工具，这并不是真正的公益。

六、公益募捐就是悲情苦情？

在传统的募捐活动中，劝募者往往是用悲情苦情的方式，展示求助者的不幸遭遇，感动潜在捐赠人，通过宣传不幸来推动大家行善。甚至有些人利用大众的同情心，在策划人的网络包装下，去营销炒作某个公益事件，谋求在社会上造成轰动效应，从而在短期内聚集大量金钱。之后的结局往往是骗局被媒体揭穿，捐赠人后悔自己的善心被人利用。在经过一次又一次的轮回之后，公众对这种募捐方式的反感程度在上升。

其实，公益募捐活动的设计可以改变传统的悲情路线。公益不是富人对穷人的怜悯与施舍，而是平等的互帮互助。在帮助人的时候，非营利组织不应该通过展示受助人的苦难、揭伤疤的方式来赢得帮助。这么做会使受助者的内心雪上加霜，无休止的展示痛苦也会使公众对这些社会问题变得麻木和抗拒。

近年来，一些积极向上、轻松有趣、参与性强的筹款方式开始在社会上流行，比如公益徒步、公益骑行、公益旅游等。这些活动比较符合社会公众的需求，使人们可以在心情愉悦的状态下参与公益，从而吸引更多普通大众参与到公益中来。2004 年，公益人安猪（微博网名）在网上提出了“多背一公斤”公益旅游计划，鼓励每位旅游者在出游时背上一点书籍或者文具，带给沿途的贫困学校和孩子。这个理念一经提出，立即得到了旅游爱好者的广泛认同，如今公益旅游的理念已经遍及全国各地。2014 年的 ALS 冰桶挑战席卷全球，很多商界精英、体育运动员、文艺明星都接受挑战，通过一桶冰水浇头，让更多人了解和支持“渐冻人”，同时实现了募捐的目的，起到了很好的效果。

第二节　机构定位与发展的原则

一个非营利组织在发展过程中应该遵循机构定位和发展的若干原则。如果不遵循这些原则，非营利组织的发展很可能会偏离方向甚至夭折。

一、正确定位原则

非营利组织要有一个正确的定位，明确自己在社会上的位置。三次分配理论认为，市场经济条件下的收入分配包括三次分配：第一次分配是由市场按照效率原则进行的分配；第二次分配是由政府按照公平的原则，通过税收、社会保障支出等机制进行的再分配；第三次分配是在道德力量的推动下，通过公益慈善的形式进行的分配。公益慈善之所以被称为社会财富的“第三次分配”，是因为它是以道德为动力的分配，彰显人性关怀和传递人间温情，不是过分追求效率，而是以促进社会公平为己任。

在组织类型上，现代社会可以划分为政府、营利组织（企业）、非营利组织三大部门。在这三大部门中，政府是解决社会问题的中坚机制。政府有稳定的财政收入作为保障，提供公共服务是政府的基本职责，基本公共服务譬如社会保障、义务教育、道路交通、市政建设等都由政府财政负担。非营利组织处于补充性的地位，它们是在政府无法顾及或不能顾及的领域发挥作用，是政府机制和市场机制的必要补充。

比如有的非营利组织通过社会募捐给公办小学的教师发工资和奖金、给校领导发奖金，由学校领导向该组织汇报教师的工作情况，这就超越了一个非营利组织的功能定位。如果非营利组织通过募捐解决本应由政府做的工作，则加重了公众的负担，纵容了政府的不作为。非营利组织不要去做政府和市场应该做的事情，不要试图去履行政府职权。

二、量力而行原则

非营利组织要根据自己的人力、物力和财力的实际情况来开展工作。非营利组织要明确什么是自己能做到的，什么是自己做不到也不可能做到的。

（一）首先要使自己生存下来

非营利组织和公益人首先要使自己生存下来，才能去为他人做公益服务。不提倡个人在不能维持自己及家人日常生活的情况下，去为其他人提供公益服务。比如，在5·12汶川地震发生后，有些连食宿都不能自理的志愿者匆忙赶到灾区，不但救助不了灾民，反倒使自己成为了需要救助的对象，从而给救援工作带来了不必要的负担。公益人做公益也不能“走火入魔”，不能因为自己获得了一些荣誉就处处标新立异。另外，不提倡个人以损己利人的方式去做公益，这种方式是难以持续的，做公益最好能达成双赢的结果。而且，公益人不要借钱或负债做公益，不要给自己造成太大的压力。比如，“举债做慈善”的黄鹤和他的博士后妻子曹明秀，曾经致力于救助农民女工和开办农民子弟学校，欠下了上百万元的债务，这并不可取。

（二）做工作要循序渐进

非营利组织和公益人做工作要循序渐进。我国传统文化在论及个人责任与社会使命的关系时，有“修身、齐家、治国、平天下”“一屋不扫，何以扫天下”的说法，这在一定程度上说明了公益行为合理的先后顺序，告诫我们凡事都要一步一个脚印地去做。公益人做公益应该“先己及人”，先解决好自己和身边人的问题，再帮助其他人。

（三）不要盲目图大

非营利组织和公益人不要盲目图大。大多数非营利组织没有利润或利润率很低，其能完全掌控的资源十分有限，高度依赖其他组织的支持。这就导致非营利组织缺乏大规模复制的能力，往往更适合开展“小而精”的项目。有些初创期组织在没有任何资源和经验的情况下，就提出要打造全国性的平台，将各类组织吸引到自己的平台上，这是不切实际的想法。

三、公开透明原则

公开透明是非营利组织的生命线，是一个组织赢得捐赠人和公众信任的基础。非营利组织承担的是社会公共责任，很多组织是通过社会募捐获取资金，其本质是代理人接受理事会委托行使对社会的责任，因此有必要向社会公布相关信息。非营利组织的公开透明，可以提升其公信力，有利于推动组织的健康发展。公开透明原则主要体现在以下几个方面：

（一）信息披露对象多元化

非营利组织信息披露的对象是多元化的，包括理事、监事、捐赠人、政府主管部门、社会公众。按照相关法律法规的要求，非营利组织要向政府提交年度工作报告和经过审计的财务报告，在民政部指定的网站披露募捐信息。

（二）信息披露内容多样化

非营利组织信息披露的主要内容包括组织基本信息、募捐活动信息、接受捐赠信息、捐赠款物使用信息、机构财务信息、日常动态信息等。非营利组织在信息披露的同时，要注重对捐赠人隐私信息的保护，在捐赠人不同意的情况下，非营利组织不得向公众披露捐赠人的信息。

（三）信息披露多渠道

信息披露可以采取多种渠道，包括官方网站、定期邮寄或电子邮件、微信公众号和认证微博、机构出版物（如年报、通讯）、现场公开（如新闻发布会）等方式。

（四）信息披露专业化

非营利组织的信息披露工作要做到专业化，这对组织的管理提出了更高的要求。非营利组织需要配备更加专业化的人才，要加快自身的信息平台建设，可以委托第三方开发专门系统来完成信息披露工作。

四、有效性原则

非营利组织的工作要重视有效性。有效性，是指某个社会问题得到真正解决，服务对象通过服务得到切实改变。一些非营利组织在工作中不遵循有效性原则，这些组织迫切需要普及“有效公益”理念。有效性原则主要体现在两个方面：

（一）以需求为导向

非营利组织是为了解决某一社会问题而存在的，其存在是为了改善社会福利水平。非营利组织在制定目标和项目设计的时候，应当以社会问题和社会需求为导向。非营利组织要多花时间做一线的调查研究，从而使项目和服务能满足服务对象的需求。

（二）以效果为目标

从事公益事业就要使用社会资源，花费一定的时间、物力和人力，因而必须要强调活动的绩效。目前，非营利组织的项目资金主要来自于政府购买服务或基金会资助，它们为了完成项目需要达成一定的指标，比如活动场次、服务人次、参与活动人次。有些非营利组织只关注数字的完成，忽视了服务的实际效果，开展了一些无效的活动。比如，某些培训活动的设计和内容达不到受众的要求，即使场次和人次达到了，这样的培训活动也是无效的，甚至可能起到负面作用。

因此，非营利组织要明确“结果”和“效果”之间的关系。“结果”是指项目活动的直接产出，是从项目实施方角度来看的，即是否达到了要求的人次和场次；“效果”是指参加活动或接受服务的人是否有所收益，是否通过项目真正解决了社会问题。如果非营利组织只是单纯追求“结果”，而不重视“效果”，则是社会资源的极大浪费。

五、资源节约原则

一些非营利组织凭借其较强的公益性，能获得来自社会各个层面的无偿的、热情的支持，包括在资金、物资、志愿者、场地、设备等方面的支持。非营利组织在自身发展和开展活动的过程中，都要珍惜和节约社会资源，才能促进公益事业的可持续发展。只有节约资源，外界才会有持续给予支持的可能性，否则就会丧失对它的信任。

（一）节约使用捐赠资源

对于外界捐赠的资金和物资等资源，非营利组织要节约使用。非营利组织应尽量降低机构运作成本和项目管理成本，将捐赠款物用于受助对象。

（二）权衡投入和产出的关系

非营利组织必须权衡投入和产出的关系，不能不计成本地讲排场。非营利组织也要讲求“效益”，尽量用最少的投入获得最大的产出。比如在组织筹款晚宴过程中，要做好准备和组织工作，使筹款活动取得最大的效果。

（三）珍惜志愿者资源

非营利组织应考虑志愿者在志愿服务中的基本需求，对志愿者在志愿服务中的经济支出（如交通、食宿等）给予补助或补偿。虽然报名做志愿者的人很多，但非营利组织不能有“不用白不用”的心态，要珍惜和尊重每一位志愿者，这样才能赢得志愿者的长期支持。

第三节　志愿者管理的原则

非营利组织中有为数众多的志愿者，对志愿者的管理应遵循以下原则。

一、自愿性原则

志愿者是指任何人志愿贡献个人的时间及精力，在不为任何物质报酬的情况下，基于道义、信念、良知、同情心和责任，为改善社会服务，促进社会进步而提供服务。志愿者参加志愿服务必须是自愿的，而不能是强迫的。志愿者如果是在强迫和压力下参与志愿服务，就违背了志愿服务的初衷，就会使志愿服务“变味”。被迫参与志愿服务的人不是真正的志愿者，他们即使参与了志愿服务，也很难持续进行下去。

有些地方政府以下发红头文件的方式要求机关干部、事业单位人员每周拿出固定时间做志愿服务，这种建立在强制性基础上的志愿服务，失去了志愿服务的真正价值。有些中小学以量化考核、学分制的方式要求学生完成一定的志愿服务时间，这并非是基于学生自愿的参与，而是强制性和利益引诱下的志愿服务。志愿服务基于自愿性原则，政府、学校等单位只能倡导和支持人们参加，但不能强迫要求任何人做志愿服务。

二、安全性原则

非营利组织开展的活动首先要确保志愿者的安全，即要遵循安全性原则。如果发生安全事故，就会危及志愿者的人身安全，对组织的公信力和可持续发展产生负面影响，甚至会导致非营利组织的生存危机。

志愿者在志愿服务中遭遇人身意外事故并不鲜见，尤其是野生动物保护、救灾救援、医疗试药、国外支教等领域的志愿者。2002 年 12 月 1 日，环保组织“绿色江河”的 21 岁志愿者冯勇在参加该组织活动时不幸遇难，是我国民间环保组织第一个遇难的志愿者。2002 年 11 月 30 日中午，冯勇和志愿者李亮等六人乘坐索南达杰保护站的吉普车前往保护区外围的野鸭湖——当地野生动物的重要饮水区捡拾白色垃圾。13 时 40 分，吉普车抛锚，冯勇和谭波徒步回保护站找车。回到保护站后，冯勇再次同南化集团管线工地司机李明利开车前往坏车处拖车。当晚，两人没有返回。第二天，搜救人员找到他们时，两人已经死亡。①

为了避免发生安全事故，非营利组织在开展活动的时候，要对活动的安全状况进行评估。如果活动有风险，为了谨慎起见，就要暂停开展该项活动，不能让志愿者遭受人身意外伤害。很多志愿者是年龄不大的学生，存在安全意识差、纪律性不强的问题。为了确保安全，非营利组织要制定保障志愿者安全的措施，提前预见服务过程中可能存在的风险因素，明确志愿者安全工作的责任归属。要对志愿者进行安全教育培训，包括法律知识、服务技能知识，明确活动中的安全纪律和注意事项，要求志愿者遵守组织纪律。

三、尊重和包容原则

尊重和包容是非营利组织在工作中的一贯原则，对志愿者也应遵循尊重和包容的原则。

（一）尊重志愿者的人格

非营利组织要理解志愿者的努力和辛苦，对志愿者给予充分的尊重，

① 周晓红．谁为志愿者的安全负责［J］．绿色家园，2003（12）．

保障志愿者的合法权益。非营利组织的工作是把爱心和关怀给予社会上的服务对象，与此同时，非营利组织也应把爱给予自己的志愿者。但在有些组织的内部管理中，志愿者遭受了不公正待遇，有些组织把志愿者当作廉价劳动力，交给志愿者的任务有很大随意性，不考虑交给志愿者的工作是否是其力所能及；不给志愿者任何交通补贴和用餐补贴，所有脏活、累活都抛给志愿者，不珍惜志愿者的时间，志愿者的劳动付出得不到尊重。这些做法不可能留住志愿者。实际上，不尊重志愿者的非营利组织，也不可能真正尊重其服务对象。

（二）包容志愿者在志愿服务中的失误

很多人之所以参与志愿服务，都是抱有一腔热血，希望通过贡献自己的时间、精力来实现自身价值，往往有很高尚的道德理想。其中，有些志愿者由于经验不足、能力不足，可能工作完成得不是很理想，或者造成了一些失误。对志愿者在活动中出现的问题要宽容，以正面鼓励和支持为主，不能因为活动中出现失误，就否定志愿者的贡献和作用。

第四节　公益捐赠与救助的原则

非营利组织所从事的工作很大一部分是公益捐赠和救助活动，这些活动应遵循以下原则。

一、基于受助群体的需求提供救助

非营利组织在救助活动中，要了解受助者的真实需求是什么，而不是完全根据自己的主观想法去提供帮助。

如果志愿者没有基于受助者的需求提供帮助，受助者很可能会抵触志愿者的帮助，他们认为自己有能力解决某些问题；有些志愿者是为了完成单位交代的任务，或将自己不要的东西给出去。比如，有些非营利组织针对贫困山区孩子捐赠的衣服不能与当地孩子的需求相匹配，放在仓库发不出去，没人要，甚至已经发霉腐烂。有些敬老院的老人在重阳节一天被洗好几次脚，不同的非营利组织在同一天提供同样的服务，导致了“好心办坏事”。再比如，郑州某残疾人接到郑州残肢协会的通知，通知称郑州残联发起“冬季送温暖”活动，给100名肢残人士发放爱心物资，让他去领取。但他领到手后却有点失望，这是一件裙裤。河南省残联作为活动主办方也是满腹委屈——“爱心企业献爱心无偿捐赠，咱也不能不要啊。”[①] 公益捐赠，是给别人需要的，而不是自己不要的。

当前，受助者的需求日益多元化和个性化，但是很多非营利组织提供服务的形式仍然比较单一，停留在陪老人聊天、上门打扫卫生的层面，不能满足受助者在心理、教育、文化等多方面的需求。针对这些问题，非营利组织可以提前与受助者和所在社区取得联系，然后在此基础上设计服务项目。非营利组织在进行捐助的时候，要了解谁有这方面需求、什么时候有需求、需要哪种服务方式。志愿者在给受助群体提供服务的同时，可以与他们进行交流，了解他们对现在的服务及其内容是否满意，以及对今后服务的建议是什么。非营利组织应该对志愿服务进行跟踪调查，并不断改进服务。

二、尊重捐赠人的意愿

在公益捐赠中，为了提高捐赠的救助效率，非营利组织要在其中承担起中介组织的作用。非营利组织受捐赠人的委托，将捐赠款物交给受助者。在这个链条中，捐赠人和非营利组织之间形成了一种信托关系。非营利组织充分尊重捐赠人的意愿，按照捐赠人所期望的用途将款物准确送达受助对象，是公益慈善事业有序发展的重要基础。我国的《合同法》（1999年）、《公益事业捐赠法》（1999年）、《基金会管理条例》（2004年）和《慈善法》（2016年）等法律法规，都规定了尊重捐赠人意愿的内容。

① 张兴军．郑州残联冬季送温暖45岁男性收到女童裙［N/OL］．中国青年网，2014-12-09.

但是，社会上不尊重捐赠人意愿的情况时有发生。例如香港著名慈善家余彭年曾经给某省捐赠了十辆救护车，两年后却得知，救护车里的设施被改造，成了领导专用车。盛怒之下，余彭年将捐赠车辆收回，转赠给某县的几家医疗机构。然而他没想到，转赠的救护车再次被挪用。这一事件表明，任何个人和权力部门都不能违背捐赠人的意愿，不能凌驾于捐赠人的权益之上，否则将会损害公益慈善事业发展的根基。非营利组织的运作必须规范化，要不断完善内部管理制度，加强对捐赠款物的管理，才能搭建起捐赠人和受助者之间的桥梁，更好地维护捐赠人和受助者的合法权益。

三、确保救助资金用于公益

捐赠人都希望捐赠资金能够专款专用，是雪中送炭，而不是锦上添花。但在很多情况下，公众不清楚自己的捐款是否完全用于公益事业。因此，应确保将救助资金用于公益，这主要有两层含义。

（一）由非营利组织负责救助资金的管理

我们经常在网上看到这样的事例：一个孩子得了绝症，其家长通过互联网向社会求助，经过广大爱心网友的捐赠，其家庭筹集到了巨额治疗经费，结果患儿家长拿着钱消失了，这些钱没有被用于救助孩子，而是被用于购置房产和生活开销。在多数网络捐赠活动中，捐赠人不了解受助对象是否真正需要捐赠，无法评估受助对象的经济能力，不清楚治疗该疾病需要多少钱，无法得知受助人是否已经拿到了足以治病的资金。而且，大多数捐赠人不会因为少量捐款而花时间进行专门调查和监督。

为了应对受助者家属挪用捐赠资金的问题，在某些捐款救助活动中，不是把钱提前直接给受助者家属，而是将捐款打到有公信力的非营利组织或医院的账户，或对医药费进行实报实销。通过这种方式，能够更精准地、专业地使用捐款，任何人都不能挪用定向捐款。

（二）妥善使用剩余救助资金

如果出现受助者死亡、捐款仍有余存的情况，受助者家属应该主动联络捐赠人，征求捐赠人对捐赠资金使用方向的意见，询问其是否愿意改变捐赠意图。但是，由于网络捐赠的匿名性，无法与捐赠人取得联系，更多是依靠受助者家属的自觉。比如，2015 年山东平度的三岁女童“小萌妍”因白血病离开了人世，留下了 50 余万元的爱心捐款。小萌妍的父亲盛维佳做出了一个决定——将剩余的 51.6 万多元转捐，给更需要帮助的人带去希望。盛维佳将善款分成 30 万、10 万、10 万、1 万多元四份，捐给几位需要帮助的人。[①]

四、重视受助群体心理意识上的改变

随着我国经济社会的发展和物质生活水平的提高，以及脱贫攻坚和精准扶贫工作的大力实施，整个社会结构发生了很大的变化。广大人民群众的精神文化需求在迅速增长，社会群体的需求也在发生深刻变化。绝对贫困的人口越来越少，很多弱势人群需要的不仅是物质上的帮扶，更重要的是对他们心灵的呵护，这对非营利组织的工作提出了新的要求。但是，大量的非营利组织看不到这种社会需求，认为单纯的捐款捐物就可以解决问题。

近年来，留守儿童心理意识上的问题应该引起非营利组织的重视，比如 2015 年发生的湖南邵东留守儿童弑师事件。2015 年 10 月 18 日，湖南省邵东县某村的三名中学生（12 岁左右）商议去新廉小学蹓跶。因当天放假学校大门紧闭，三人爬围墙进入校园内。进入校园后，他们将学校小卖部的门撬开，盗走面包、棒棒糖之类的东西。被女教师（53 岁）发现后，三名孩子将其用木棒袭击致其身亡，之后逃之夭夭。19 日，三名嫌疑人被抓获归案。在廉桥镇，一个细节被愤怒的人反复提及，“他们知道不

---

① 陈之焕 . 3 岁白血病女孩去世留下 51 万爱心款 父亲转捐给 4 人［N］. 齐鲁晚报，2015-04-09.

到14岁不用负责，有这个观念了，杀偷抢都没关系了”[①]。从这一事例可以看出，广大留守儿童迫切需要法律和心理知识学习，需要从意识上加以改变，这比物质救助更加紧迫。

针对新的社会问题，非营利组织公益服务的广度和深度应该不断扩展，关注点应该从单纯的捐款捐物发展到注重人的全面发展。不能局限于解决弱势群体的物质需求，要对他们进行“赋权”，提高弱势群体的可持续发展能力。在服务中，要帮助受助者改变其思想行为，形成积极的人生观价值观，形成对人生的新的认识。

五、尊重受助者的人格尊严

非营利组织在公益活动中，要尊重受助者的人格尊严。这是因为受助者往往都是弱势群体，他们的社会地位比较低，自尊心比较脆弱，希望得到外界的尊重。目前，公益活动不尊重受助者人格尊严主要有几种情况：①侵犯受助者的隐私。有些非营利组织未经当事人同意，就将他们的照片或视频上传到网上，使受助者的隐私完全袒露在公众面前，这无疑会对受助者造成伤害，也有悖于公益活动的本义。②伤害受助者的自尊心。有些人在公益活动中有种居高临下的优越感，比如，让受助人站在路边夹道欢迎，让受助人拿着钱在媒体镜头前拍照，整个过程更像是一种施舍。有些人去贫困山区为孩子们送慰问品，让自己的孩子接触贫困家庭的孩子，希望自己的孩子能够幡然醒悟，却忽略了贫困家庭孩子的自尊心。③给受助者贴标签。有些为留守儿童提供服务的活动，过于强调留守儿童主题，生硬地把这些孩子从集体中区分出来，给他们贴上标签。这使得孩子们在学校感觉到自卑，觉得自己低人一等。

因此，非营利组织在公益服务的所有细节之处都要体现平等、尊重的

---

① 郭小为．湖南留守儿童弑师：我们不满14岁 打死人不用坐牢［EB/OL］．腾讯网，(2015-10-30)．http：//new.qq.com/cmsn/20151030/20151030016772.

人文主义理念。比如，在某非营利组织的助学项目中，城市儿童给农村儿童赠送文具，在活动中不用“捐”的字眼，而是用“分享”。其理念是，捐赠者和受助者之间没有“施”与“受”的关系，双方之间是平等的。

另一方面，受助者也应懂得感恩。有些受助者在接受多次救助之后，越来越不懂得感恩，其感恩的心态在不断减少直至消失，甚至认为这是理所应当的。还有些受助者在救助结束后，仍然向助人者提出更多要求，认为不继续资助是不应当的。受助者不懂得感恩的事件时有发生，知名男歌手丛飞（1969—2006 年）一生参加了 400 多场义演，累计捐款 300 多万元，资助了 183 名贫困学生。为了供贫困儿童上学，丛飞拼命演出，耽误了治疗，死于胃癌，终年 37 岁。在丛飞身患胃癌实在无法继续资助时，有些受助者反而说：“骗子，义演赚了那么多，胃病能花多少钱？”“你不是说好要把我孩子供到大学毕业吗？现在还在上初中你就不出钱了，你不是坑人吗？”在丛飞最后的日子，家徒四壁，他去世的时候，女儿还不到一岁。在他生命的最后时刻，那些他曾经拼命工作省吃俭用去帮助的人，还在向他伸手要钱，态度冰冷而强硬。很多学生甚至拒绝承认被丛飞资助过，更别提看望。[①]

六、公益救助标准应适度

非营利组织对弱势群体的救助不能扭曲市场收入结构。如果公益救助的标准过高，受助者得到的资助比劳动获得的收入更高，通过求助能够实现比正常工作更好的生活，就会扭曲正常的市场收入结构，形成负激励。

非营利组织应注意不要把公益救助变成养懒汉。比如，我国西部某贫困县的受助群体形成了依赖心态。该国家级贫困县的贫困户不仅有来自于政府的救助，还有源源不断的慈善捐赠。这导致当地人习惯于领取救助，不愿意外出打工，认为即使躺着也有饭吃。除了懒惰以外，当地还有吸毒

① 徐华．得知丛飞身患重病，部分受助人知恩不报［N］．深圳特区报，2005-06-28.

贩毒、拐卖儿童等问题。当地的生产方式和思想意识仍处于落后状态，在传统自给自足心态和外界爱心捐款的影响下，很多人成为了不思进取的人。

关键术语

微公益　公益零成本　专业化　职业化　人员行政经费　管理费　三次分配理论　正确定位　量力而行　公开透明　有效性

复习思考题

1. 我国社会对公益行业有哪些认识误区？
2. 非营利组织的成本主要包括哪几个部分？
3. 非营利组织机构定位与发展的原则主要有哪些？
4. 非营利组织公开透明原则包括哪些内容？
5. 非营利组织工作的有效性原则包括哪些？
6. 非营利组织志愿者管理的原则包括哪些？
7. 非营利组织公益捐赠与救助的原则包括哪些？
8. 非营利组织如何才能确保救助资金用于公益？

第四章　非营利组织的战略管理

【本章提要】

本章介绍非营利组织的战略管理，共分为三节内容：第一节是战略及战略管理的概念，主要介绍战略管理研究的演进、战略的概念、战略的特征、战略管理的概念、战略管理的意义、战略管理的要素、战略管理的过程与层次、战略管理者、非营利组织与战略管理。第二节是非营利组织的战略管理过程，主要介绍确定组织的愿景、使命和目标，战略环境分析，战略制定，战略实施，战略评估。第三节是非营利组织的战略分析工具，主要介绍SWOT矩阵、波士顿矩阵、麦克米兰矩阵。

在21世纪经济全球化、竞争白热化、知识密集化、需求个性化的环境中，任何组织都不可能简单地因循旧路获得成功。为了更好地适应日新月异的环境变化，获得长远发展，一个组织必须要搞好战略管理。战略管理的主要研究对象是企业，其理论也适用于非营利组织。战略管理可以为组织指引长远发展方向，明确组织发展目标，实现组织的可持续发展。

我国非营利组织存在着战略意识不强的问题，往往只是忙于繁冗的事务性工作，无暇顾及组织的方向及战略，导致很多组织的自身定位不清晰。仅靠领导的个人能力和意志进行管理的组织，往往不能对自身的外部环境进行缜密的分析和预测，使得领导人的直觉和判断失去了理性分析的支持，导致战略的盲目性。同时，由于在战略制定中缺乏有效的制约机制，也导致战略失去稳定性，变动过于频繁。

第一节　战略及战略管理的概念

一、战略管理研究的演进

我国春秋战国时期，著名的军事家孙武总结战争经验写出了蕴含丰富战略思想的《孙子兵法》。在西方，战略（Strategy）一词原指军事术语，指对战争全局的筹划和谋略。近代以来，战略从军事学延伸到政治、经济、科技和社会领域。

20 世纪初，亨利·法约尔（Henri Fayol）划分了管理过程，并认为管理的五大职能是计划、组织、指挥、协调、控制，这是最早出现的企业战略思想。现代意义上的战略管理思想，最早出现在切斯特·巴纳德（Chester I. Barnard）的《经理人员的职能》（1938 年）一书中，他运用战略的思想对企业各种因素以及它们之间的相互影响进行了分析，开创了企业经营战略研究的先河。

1962 年，美国经营史学家艾尔弗雷德·钱德勒（Alfred D. Chandler, Jr.）的《战略与结构：工业企业史的考证》一书出版，分析了环境、战略和组织结构之间的相互关系。他认为，企业经营战略应当适应环境——满足市场需要，而组织结构又必须适应企业战略，随着战略变化而变化。因此，钱德勒被公认为研究环境-战略-结构之间关系的第一位管理学家。

1965 年，伊戈尔·安索夫（Igor Ansoff）出版了第一本有关战略的著作《企业战略》，首次将战略划分为企业总体战略和经营战略。他的主要观点是：战略构造是一个有意识控制的正式计划过程；由组织中的高层管理者负责；企业战略一旦形成，要能通过目标、项目、预算的逐级分解使之得以实施。安索夫系统地提出了战略管理模式，认为战略行为是一个组织对其环境的交互过程以及由此而引起的组织内部结构变化的过程。此后，很多学者都积极参与战略理论的研究，形成了诸多流派。其中，设计学派、计划学派、学习学派、定位学派、资源学派是具有代表性的学派。

1971年，肯尼斯·安德鲁斯（Kenneth R. Andrews）在《公司战略概论》中提出的基本模型将战略构造分为制定与实施两大部分，在构造过程中使用SWOT分析方法。他的主要观点是：战略构造是一个有意义的思想过程；战略的构造和模式应该是简单而又非正式的；组织结构中的高层管理者应是战略家，专门从事全局问题的把握，负责战略设计和控制；最佳的战略应该具有创造性和灵活性，有充足的弹性以适应环境的变化。

在20世纪80年代，被誉为"竞争战略之父"的美国哈佛大学商学院教授迈克尔·波特（Michael E. Porter）的著作《竞争战略》（1980年）、《竞争优势》（1985年）对战略管理的理论和实践产生了较大影响，并成为这一时期的主流模式。波特把产业组织理论中的结构（S）-行为（C）-绩效（P）这一分析范式引入到企业战略管理研究之中，提出了以产业（市场）结构分析为基础的竞争战略理论。在《竞争战略》一书中，波特提出了著名的由五方面竞争力量——"同业竞争者的竞争程度、新进入者的威胁、购买者的议价能力、供应商的议价能力、替代品的威胁"所形成的竞争模型，认为产业的吸引力、潜在利润是源于这五个方面的压力所产生的相互作用的结果，并在此基础上提出赢得竞争优势的三种通用战略：成本领先战略、差异化战略、集中化战略。

二、战略的概念

（一）战略的定义

在一般管理领域，战略是一个组织的总目标，它涉及一个时期内带动全局发展的方针、政策和任务的制定。战略的概念被成功地用于企业管理，逐渐发展成为一门学科，即战略管理。

加拿大管理学家亨利·明茨伯格（Henry Mintzberg）提出了战略的五个方面的定义（5P）：①战略是一种计划（Plan）。战略是在企业发生经营活动之前制定的，以备人们使用；战略是有意识、有目的地开发和制定的计划。②战略是一种计谋（Ploy）。它指在特定的环境下，企业把战略作为威慑和战胜竞争对手的一种“手段”。③战略是一种模式（Pattern）。战略体现为一系列的行为，这些行为不是设计的结果，而是自然形成的。④战略是一种定位（Position）。这一定义强调企业或组织应该明确其在自身环境中或市场中的地位，即通过战略使其与外部环境相匹配和融合。这种定位从战略意义上讲有两种含义：一是企业经营的领域选择，应定位在一个有发展潜力的行业中；二是在行业中竞争地位的选择，依靠有意识开发出来的竞争优势，创造出有利的竞争地位。⑤战略是一种观念（Perspective）。战略体现了组织中人们对客观世界固有的认识方式、做事的方式，即“企业理念”。这种理解的重要实质在于，同价值观、文化和理想等精神内容为组织成员所共有一样，战略的观念要通过组织成员的期望和行为而形成共享，即战略所反映的价值取向应当符合绝大多数员工的价值取向，这样才能保证战略目标的实现。

本书对战略的定义为：战略是建立在整体性、长期性视野基础上，对一个系统未来发展根本性方向所进行的展望、思考和构造。

战略的任务是：制定、支持或统一战略相关的行动方案和策略；建立竞争优势；改善经营业绩。战略的价值在于，它是主动而不是被动地塑造组织的未来，即一个组织主动发起行动，而不仅仅是被动地反应，从而努力掌握和控制自己的命运。

（二）战略与相关概念的关系

1. 战略与战术、策略的关系

战略不同于战术、策略。

战略与战术是全局与局部的关系。战略是指组织为实现其长期经营目标和对实现目标的途径和手段的总体谋划；战术是指为有效完成战略目标所采取的诸多重要的具体行动，并在战略管理过程中占有举足轻重的地位。战略与战术又具有相对性，有时会相互转化。

战略与策略是目的与手段的关系。策略是实现战略的手段，策略必须服从于战略；策略注重当前与局部；策略的时间跨度短于战略；高层决定战略，中层决定策略。

2. 战略与规划、计划的关系

战略不同于规划、计划。

在广义上，战略、规划和计划都是对未来的筹划，也可以称为计划。在狭义上，战略、规划和计划既有联系，也有区别。战略是规划和计划的灵魂，规划和计划是战略的继续、深入与细化（见表4-1）。

表4-1　战略与规划、计划的关系

	战略	规划	计划
范围	全局	全局或局部	局部
时间	长期	长期或短期	短期
原则	原则性	框架性	详细性
方法	定性为主	定性与定量	定量为主

三、战略的特征

战略具有以下几个特征：

（一）全局性

战略是从组织的总体发展来规划组织的行动，需要组织的高层领导综合地、全面地考虑，参与目标的制定。

（二）长远性

战略着重于长远的、总体的谋略，对组织的长期发展有深远的影响。

（三）竞争性

战略是关于组织在激烈竞争中，如何获取与保持竞争优势。

（四）相对稳定性

为了实现组织的可持续发展，组织战略必须具有相对稳定性。

（五）风险性

战略的制定类似于预测和判断，在变动和竞争的环境中必然存在一定的风险。

（六）社会性

组织应服从于社会的整体利益，战略受到竞争者、用户、供应商的行为制约。

四、战略管理的概念

战略管理是对战略的一种“管理”。战略管理是整合性管理理论，是最高层次的管理理论。战略管理是高层管理人员最重要的活动和技能。战略管理是成功导向的学科，以探求成功作为研究的目标。

战略管理（Strategic Management）一词最初是由安索夫在1976年出版的《从战略计划走向战略管理》一书中提出。他在1979年又出版了《战略管理论》一书，对战略管理的概念做了进一步的阐述。安索夫认为，战略管理是将企业日常业务决策同长期计划决策（战略）相结合而形成的一系列经营管理任务。

广义的战略管理主要包括三个部分：战略规划、战略实施、战略评估。广义战略管理的核心是战略规划。在有些时候，战略管理指的就是战略规划，即狭义的战略管理。战略规划是指在环境分析的基础上制定战略的过程，也就是将战略意图转化为战略决策的过程，但并不涉及战略的实施和评估问题。战略实施是建立和发展行动的能力和机制，是将战略构想转化为现实绩效的过程。战略评估是监督控制战略实施，并对战略实施的绩效进行系统评估的过程。

本书认为，战略管理是指组织根据外部环境和内部条件设定组织的战略目标，并依靠组织内部能力将这种谋划和决策付诸实施。战略管理的任务是通过战略制定、战略实施和日常管理，实现组织的战略目标。

五、战略管理的意义

战略管理的意义主要包括：①明确组织的宗旨，使所有员工都能深刻理解并达成共识，使之成为组织行动的纲领。②界定组织的任务，使所有成员明确要干什么和为什么人服务，使整个组织找到落实其宗旨的任务定位。③树立组织的愿景，唤起成员的奉献精神，使整个组织充满活力。④明确组织发展的优先目标，分清轻重缓急，舍弃那些无效或无关紧要的工作，将有限的资源用于组织发展最紧迫的事情上。⑤分析和诊断组织发展中存在的问题，有序地推动制度创新。⑥关注外部环境的变化，把握有利于组织发展的各种机遇。

六、战略管理的要素

20 世纪 60 年代，肯尼斯·安德鲁斯（Kenneth R. Andrews）对战略进行了四个方面的界定，他认为战略包括四个要素：市场机遇（企业可能做什么，might do）、公司能力（企业能够做什么，could do）、个人激情（企业想做什么，wants to do）、社会责任（企业应该做什么，should do）。其中，市场机遇和社会责任是外部环境因素，公司能力与个人激情是企业内部因素。

1965 年，安索夫在其著作《企业战略论》一书中，把企业战略管理的要素概括为四个方面，即产品与市场领域、成长方向、竞争优势、协同效应。他认为这四种要素可以在企业中产生一种合力，形成企业的共同经营主线。所谓共同经营主线是指企业目前的产品与市场组合和未来的产品与市场组合之间的关联。企业在制定战略时，应当从产品、技术以及市场营销等方面的类似性，为企业确定出一条共同经营主线。

七、战略管理的过程与层次

（一）战略管理过程

战略管理是一个对组织的未来发展方向制定决策和实施这些决策的动

态管理过程。整个战略管理过程分为五个阶段：确定组织的愿景、使命和目标；战略环境分析；战略制定；战略实施；战略评估。

（二）战略管理的层次

战略管理有多个层次，多元化经营的大型企业集团公司的战略管理可分为公司战略、竞争战略和职能战略三个层次。

1. 公司战略

公司战略（Corporation Strategy）也称公司总体战略、公司层战略。它是一个组织的整体战略总纲，是组织最高管理层指导和控制组织的一切行为的最高行动纲领。公司战略强调两个方面的问题：一是“我们应该做什么业务”，即确定组织的使命与任务，产品与市场领域；二是“我们怎样去管理这些业务”，即在组织不同的战略事业单位之间如何分配资源以及采取何种成长方向。

公司战略主要包括：发展战略（是以扩张经营范围或规模为导向的战略）、稳定战略（是以巩固经营范围或规模为导向的战略）、收缩战略（是以缩小经营范围或规模为导向的战略）。

2. 竞争战略

竞争战略（Competitive Strategy）也称事业部战略、业务层战略、分公司战略。竞争战略是在公司战略的指导下，各个战略事业单位（SBU）把总公司经营战略中规定的目标、方向和意图具体化，形成本部门更加明确的目标和竞争战略方案。竞争战略是公司战略之下的子战略。竞争战略主要研究的是产品和服务在市场上的竞争问题。

竞争战略主要包括：成本领先战略（追求成本优势）、差异化战略（追求产品与众不同的差异化优势）、集中化战略（细分市场的集中化战略）。

3. 职能战略

职能战略（Functional Strategy）是在公司战略和竞争战略的指导下，针对组织各职能部门或专项工作所制定的谋划与策略，是公司战略和竞争战略的具体实施战略。职能战略的重点是提高组织资源的利用效率，使组织资源的利用效率最大化。

职能战略主要包括：营销战略、人事战略、财务战略、生产战略、研究与开发战略、公关战略等。

总体来说，公司战略、竞争战略与职能战略一起构成了组织战略体系。在一个组织内部，组织战略的各层次之间是相互联系、相互配合的。组织每一层次的战略都构成下一层次的战略环境，同时，低一级的战略又为上一级战略目标的实现提供保障和支持。因此，一个组织要想实现其总体战略目标，必须把三个层次的战略结合起来。

八、战略管理者

战略管理者是组织战略管理的主体，主要由理事会、高层管理者、专职计划人员三部分构成。

（一）理事会

理事会的任务是提出组织使命、审批决策、监视变化。

（二）高层管理者

高层管理者负责制定和管理战略规划过程。

（三）专职计划人员

专职计划人员负责收集和分析各种数据，提出和评价各种可行的战略选择，为高层管理者所关心的专项问题进行研究。

九、非营利组织与战略管理

20 世纪 90 年代中期，西方很多非营利组织引入了战略管理的理念，以确保自身更好地适应外部环境变化。

非营利组织的战略管理与企业的战略管理的共同点在于：都是在组织环境中决定所需要完成的目标，以及面临多变的实际环境如何完成所制定的使命。但是，由于非营利组织所具有的特点，导致了其战略管理又有不同于企业战略管理的因素。这些特点主要包括：①非营利组织提供的产品或服务往往能产生无形的社会经济影响，很难对其进行有效的衡量。②收益不完全源自于客户，这就削弱了客户对组织的影响作用。③有些非营利组织的建立往往有着特殊的使命。④奖惩方法的使用上有一定局限性。⑤捐赠者可能对组织的日常运作非常关心，主动介入组织内部的管理。

某些情况下的非营利组织需要进行战略管理：①初创期的组织需要进行战略管理，以明确组织自身的定位和目标。②组织发展到一定阶段，需要开拓新的业务领域的时候，需要进行战略管理。③组织的外部环境有重大变化的时候，可以通过重新制定战略，再次定位和调整方向。

第二节　非营利组织的战略管理过程

非营利组织的战略管理过程可分为五个阶段：确定组织的愿景、使命和目标；战略环境分析；战略制定；战略实施；战略评估。

一、确定组织的愿景、使命和目标

（一）愿景

愿景（Vision）是组织管理者对组织的前景和发展方向的高度概括和描述。一个清晰的、精心构建的愿景为组织未来发展提供一幅前进蓝图。愿景是要说明“我们想成为什么，我们要成为什么”，考虑的是组织未来的发展前景和发展方向。

愿景的价值在于：对于有效地建立长期目标和制定战略是至关重要的；清晰、激动人心的战略愿景能够创造激情，激励和鼓舞员工。

（二）使命

1. 使命的概念

“使命”来源于英文的 Mission 一词，指重大的责任。使命是一个组织存在的目的和理由。任何组织的创建、存续和运转都是以特定的使命为基础和框架的。

对于新创办的或对原有方向做重大调整的组织，第一件事就是明确组织的基本目标和指导思想，这就是确立组织的使命。使命能为组织内所有决策提供前提，为内部和外部人员提供指导。

2. 非营利组织使命的特征

非营利组织的使命具有如下特征：①使命是对组织态度和展望的描述，而不是对具体细节的阐述。②使命要阐明组织的运营目的、用户、产品或服务、市场及采用的技术。③使命必须考虑社会政策，凸显社会责任。

3. 非营利组织使命陈述的构成要素

非营利组织的使命陈述是对组织的信念、目的、哲学、发展原则和业务范围的陈述。

彼得·德鲁克（Peter F. Drucker）认为，使命主要包括五个问题：①我们的业务是什么？②顾客是谁？③顾客的价值是什么？④未来的业务是什么？⑤我们是如何工作来开展业务的？

不同组织的使命陈述在内容和形式上有所不同，但在构成要素上基本保持一致，可以归纳为九个方面：①客户，是组织提供服务和生产产品的目标受众、受益人，反映了组织的定位。②产品及服务，反映了组织提供的主要产品和服务项目。③市场，描述了组织提供产品和服务的领域。④技术，明确了组织的技术竞争力。⑤增长与盈利，反映了组织对生存、增长和盈利的关切。⑥经营理念，反映了组织的基本信念、价值观、志向和道德倾向。⑦自我认识，组织对自身比较优势和特别能力的判断与认识。⑧对公众形象的关切，组织是否对社会、社区和环境负责。⑨对雇员的关心，组织是否视雇员为宝贵的资产。

4. 非营利组织使命陈述应注意的问题

一个好的使命陈述的基本要求是：①创建一个宽泛的主题，以涵盖组织所希望从事的各种可能性活动。②形成一个明确的足以对组织的项目、服务和行动选择给予具体指导的主题。③主要的内容必须简单精练，并能有效激发人们的参与。

非营利组织使命陈述应注意以下问题：①明确组织的工作范围、反映组织的特色。②使命陈述必须是切实可行的。③使命陈述必须简洁明了。④保持高度弹性和开阔空间，并与时俱进。⑤了解社会环境的变迁，并获得社会的认同。

（三）目标

目标是指组织在一定的时期内，为实现组织使命所要达到的长期结果。目标是使命的具体化，目标应围绕使命展开。目标应具有可接受性、定量化、可实现性、挑战性。

二、战略环境分析

古人云："知己知彼，百战不殆。"其基本含义是只有了解自己与竞争对手的优缺点，打仗才有胜算的把握。非营利组织在制定战略方案之前，必须进行严密的战略环境分析。当竞争的环境要求组织的战略发生变化时，有些组织却往往不能随之变化，这将成为这些组织运作失败的重要根源。

战略环境分析包括外部环境分析和内部环境分析两部分。通过外部环境分析，非营利组织可以明确自身面临的机会与威胁，从而决定组织能够选择做什么；通过内部环境分析，非营利组织可以认识到自身的优势与劣势，从而决定组织能够做什么。一般而言，战略环境分析遵循先外部再内部、先宏观再微观的分析逻辑。

（一）非营利组织外部环境分析

通过分析外部环境，识别环境给非营利组织带来的机会和威胁。同样的环境变化对不同组织产生不同的影响，这取决于组织的运营程度、内部条件和应变能力。

外部环境分析主要包括三个层次：第一个层次是宏观环境分析，主要使用PEST分析方法；第二个层次是行业环境分析，主要使用波特五力分析模型；第三个层次是利益相关者分析。

1. 宏观环境分析——PEST分析

宏观环境是指一定时间内各种组织所共同面对的总体环境。PEST分析是外部环境分析的基本工具，用于分析外部宏观环境对于组织战略制定的影响。PEST分析主要包括政治法律、经济、社会文化、技术等宏观因素。

（1）P——政治与法律环境（Political Factors），主要包括：国家的政治制度与体制、政府政策的稳定性和连续性、政府预算和货币政策、政府对非营利组织的态度、结社自由、免税政策、非营利组织法、捐赠法、遗产法等。

（2）E——经济环境（Economical Factors），主要包括：国家经济发展水平、商业周期、国民生产总值及其变化趋势、经济结构、市场经济发展状况、政府收支、税收政策、银行利率、通货膨胀、失业与就业、可支配收入、贫富差距等。

（3）S——社会文化环境（Social and cultural Factors），主要包括：民族特征、文化传统和行为准则、社会价值观念、宗教信仰、风俗习惯、受教育水平、公民意识、人口结构、家庭结构、老龄化等。

（4）T——技术环境（Technological Factors），主要包括：技术变革速度、产品生命周期、新技术构想、科学研究等。

2. 行业环境分析——波特五力分析模型

行业环境属于外部环境中的微观环境，主要分析本行业中的竞争格局以及本行业与其他行业的关系。行业结构及其竞争性决定着行业的竞争原则和组织可能采取的战略。

行业环境分析常用的方法是波特的五力分析模型（Michael Porter's Five Forces Model）。波特认为，行业吸引力取决于五种竞争作用力，即：同业竞争者的竞争程度、新进入者的威胁、购买者的议价能力、供应商的议价能力、替代品的威胁。这五种作用力综合起来，决定了行业中的某个组织获取平均投资收益率的能力（见图4-1）。

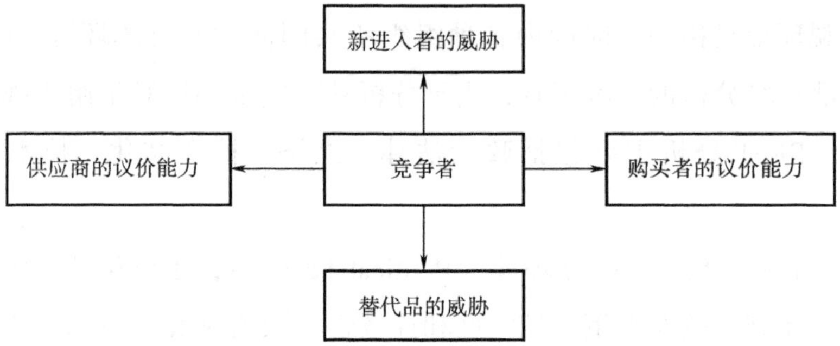

图4-1　波特的五种竞争力量模型

（1）供应商的议价能力。供应商影响一个行业竞争者的主要方式是提高价格，以此榨取买方的盈利，这会影响组织的收益率。供应商议价能力的影响因素包括：①供应商所在行业的集中化程度；②供应商产品的标准化程度；③供应商所提供的产品在企业整体产品成本中的比例；④供应商提供的产品对企业生产流程的重要性；⑤供应商提供产品的成本与企业自己生产的成本之间的比较；⑥供应商提供的产品对企业产品质量的影响；⑦企业原材料采购的转换成本；⑧供应商前向一体化的战略意图。

（2）购买者的议价能力。购买者能够强行压低价格，或者要求更高的质量或更多的服务。为了达到这一点，他们可能使生产者相互竞争，这会减少组织的利润，其结果是影响收益率。购买者议价能力的影响因素包括：①集体购买；②产品的标准化程度；③购买者对产品质量的敏感性；④替代品的替代程度；⑤大批量购买的普遍性；⑥产品在购买者成本中占的比例；⑦购买者后向一体化的战略意图。

（3）新进入者的威胁。一个行业的新进入者通常带来大量的资源和额外的生产能力，并且要求获得市场份额。这会引发现有竞争者的竞争反应，也就不可避免地需要调入新的资源用于竞争，因此使收益降低。

（4）替代品的威胁。替代品是指那些与本行业产品具有相同或类似功能的产品，这意味着组织的产品和服务的价格将会受到限制。替代品威胁的影响因素包括：①替代品的盈利能力；②替代品生产企业的经营策略；③购买者的转换成本。

（5）同业竞争者的竞争程度。同业竞争者的竞争程度是指行业现有竞争者之间的竞争程度。行业内竞争者的竞争行为主要包括降价、增加广告、提高质量、增加产品特色、提供服务、延长保修期等，其结果会减少组织的利润。同业竞争者竞争程度的影响因素包括：①市场中竞争者的数量；②行业增长率；③行业的固定成本；④购买者购买产品的转换成本；⑤其他企业经营方式的不确定性；⑥企业的战略目标；⑦退出壁垒。

3. 利益相关者分析

利益相关者是指与组织有一定利益关系的个人或组织群体，可能是组织内部的（如雇员），也可能是组织外部的（如供应商或压力群体）。通过利益相关者分析，有助于组织识别重大利益相关者对战略制定的影响。

非营利组织的利益相关者主要包括：①资助者。资助者主要包括个人、基金会、企业、政府等，非营利组织应努力使出资者的期望得到实现。②工作人员和志愿者。③服务对象。即对组织服务有需求的人，一般是某类特定群体。④社区。社区包括在社区内的居民和各种组织。⑤政府。非营利组织的活动要接受政府的监督。

（二）非营利组织内部环境分析

1. 组织的资源分析

组织的资源是指组织所控制或拥有的有效要素的总和。资源可以发展成能力，能力的运用结果也可以积累资源。组织根据资源来发展核心竞争力，展现出来的就是组织的竞争优势。资源按其是否容易辨识和评估来划分，可以分为有形资源和无形资源。

（1）有形资源。有形资源是指可见的、能够量化的资源。有形资源不仅容易被识别，而且容易评估其价值。许多有形资源的价值可以通过财务报表反映出来。非营利组织的有形资源主要包括：财务资源、实物资源、人力资源。

（2）无形资源。无形资源往往是组织不能从市场上直接获得，不能用货币直接度量，也不能直接转化为货币的那一类经营资产。非营利组织的无形资源主要包括：技术、信誉、组织文化。

2. 组织的能力分析

组织能力分析的内容主要包括：财务能力分析、营销能力分析、研发能力分析、生产管理能力分析、组织效能分析。

3. 组织的核心竞争力分析

1990 年，普拉哈拉德（C. K. Prahalad）和哈默尔（Gary Hamel）在《哈佛商业评论》上发表的《企业核心竞争力》一文中首次提出了“核心竞争力”的概念。

核心竞争力也称核心能力或独特能力，是指一个组织能够比其他组织做得更加出色，使组织长期、持续地拥有某种竞争优势的能力。

核心竞争力主要有三个特征：①核心竞争力可以为顾客创造可感知的价值。②核心竞争力应该具有难以模仿性。③核心竞争力是组织的各个战略业务单位可以共享的能力。

三、战略制定

在对非营利组织的战略环境分析后，需要将内外因素相互匹配，寻找内外资源的最佳结合，寻找最佳战略组合以及对议题、方案进行优先排序及选择。战略制定主要包括组织战略和竞争战略两类。

（一）组织战略

组织战略主要包括：发展战略、稳定战略、收缩战略。

1. 发展战略

（1）发展战略的概念。发展战略是使组织在现有的战略基础水平上向更高一级目标发展的战略。

(2) 发展战略的特征。发展战略的特征是：①相对发展速度较快；②经常开发新产品、新服务、新市场；③倾向于通过创造以前并不存在的某物或某物的需求来改变外部环境以适应自身。

(3) 采取发展战略的原因。采用发展战略的原因包括：①最高管理者或最高管理集体所持的价值观，组织增长等同于个人效能；②增长战略能够产生较好的组织绩效；③"经验曲线"理论认为，随着一个组织在规模和经验上的增长，组织的效能会得到相应的提高。

(4) 发展战略的类型。发展战略的类型包括以下三种：

• 借力发展战略。借力发展战略（Strategic Piggybacking）是由尼尔森（R. P. Nielsen）创造性地应用于非营利组织的战略形式。公益事业的性质使得大多数非营利组织都存在不同程度的资金压力，借力发展战略是非营利组织根据自身的优势，开发合适的经营项目创造收入，为实现组织使命提供资金支持。

借力发展战略在实施过程中存在以下风险：①商业运作在短期内需要投入资金，会导致资金的短缺。②商业投资会干扰、冲击非营利组织的使命，甚至会出现"喧宾夺主"的现象。③在商业运作收入剧增的情况下，原来提供资金的捐赠者可能会减少捐赠资助。④商业运作可能会干扰组织的日常管理工作。

采用借力发展战略开展经营活动时，应注意以下几个方面：①经营与组织的主要服务项目有关的，并存在市场需求的产品。②聘用优秀管理人才。③谋求理事会的支持。④与营利组织合作经营，学习其经验。⑤提倡创业者的精神。

• 兼并战略。非营利组织选择兼并战略是由于其资源的稀缺性，通过实施兼并战略，可以利用规模效应节约社会资源，同时为受益人创造更多的福利。

非营利组织在选择兼并战略时应考虑以下因素：①两个不同组织的兼

并，首先要考虑它们的使命是否一致或类似。②管理机制的问题。不同的组织有不同的管理机制，如果处理不当，不仅不会产生综合效益，反而会增加内耗，降低兼并的成功率。③非营利组织的文化，包括组织成员的信仰、价值观。④地域和业务的规模。

- 联盟战略。联盟战略（Alliance Strategy）是指两个及两个以上的组织经过联合，寻求利益各方的最大利益，即双（多）赢，而非简单地合并或联合。联盟战略可以增强非营利组织的综合实力，为客户提供更出色的服务；能够在资源共享的基础上，为双（多）方带来共同的发展。联盟战略不仅包括非营利组织之间的联盟，还包括非营利组织与营利性组织的合作。

2. 稳定战略

（1）稳定战略的概念。稳定战略是在组织的内外部环境约束下，组织准备在战略规划期使组织的资源分配和经营状况基本保持在目前状态和水平上的战略。

（2）稳定战略的特征。稳定战略的特征是：①组织满意它过去的绩效并决定继续追求同样或相似的组织目标；②每年预期的绩效水平以大约相同的百分比增长；③组织继续以基本上同样的产品或服务为其客户服务。

（3）采取稳定战略的原因。采用稳定战略的原因包括：①管理层不愿意冒风险对组织现行的战略进行重大修改；②战略的改变要求资源配置做出相应的改变，而对一个已建立起来的组织来说，资源配置结构的改变是很困难的；③过于急速的增长可能导致出现组织规模超出其管理能力的局面。

（4）稳定战略的类型。稳定战略的类型包括：无增长战略、微增长战略。

3. 收缩战略

（1）收缩战略的概念。收缩战略是指组织在目前的战略经营领域和水平上收缩和撤退，且偏离战略起点较大的一种组织战略。具体是指对组织现有的产品和市场领域实行收缩、调整和撤退战略，对组织资源的运用采取较为严格的控制和尽量削减各项费用支出。

（2）收缩战略的特征。收缩战略的特征是：①削减某些产品的市场规模，放弃某些产品系列，甚至完全退出目前的经营领域。②逐步缩小组织的产销规模，降低市场占有率，相应降低某些经济效益指标。③目标重点是改善组织的现金流量，争取较大收益和资金价值。④具有过渡的性质。组织通常是在短期内奉行这一战略，以渡过危机，保存实力。

（3）采取收缩战略的原因。采用收缩战略的原因是：①需求下降，竞争激烈。比如组织经营不稳定，或接近危险边缘。②国际国内宏观经济不景气。比如经济紧缩、银根紧缩、通货膨胀等。③产品处于衰退期。比如竞争过度，微利或亏损。④财务困难。比如以损失利润换取市场占有率；生产能力发挥不足，固定成本负担过重；研发创新失败等。

（4）收缩战略的类型。收缩战略的类型包括：扭转战略、剥离战略、清算战略。

（二）竞争战略①

迈克尔·波特提出了三种竞争战略：成本领先战略、差异化战略、集中化战略。

1. 成本领先战略

（1）成本领先战略的概念。成本领先战略（Cost Leadership Strategy）也称为低成本竞争战略，是指组织通过有效途径降低成本，使组织的全部成本低于竞争对手的成本，甚至是同行业中最低成本，从而获取竞争优势的一种战略。成本领先战略成功的关键是取得可持续性成本优势。

（2）成本领先战略的适用条件。成本领先战略的适用条件是：①市场供大于求，价格竞争激烈。②产品基本是标准化或普及化的产品。③对购买者有价值的差别化因素不多。④购买者的转换成本很低。⑤购买者的议

① 本部分内容参照雷银生主编的《企业战略管理教程》，清华大学出版社，2006年8月出版。

价能力较强。

(3) 成本领先战略的益处。成本领先战略的益处主要包括：①能够夺取对手的市场份额。②承受原材料的涨价。③大量采购的优惠。④对付买方和客户的讨价还价。⑤建立进入壁垒。

(4) 成本领先战略的风险。成本领先战略的风险主要包括：①投资大。②产业的新加入者通过模仿或依靠对高新技术设施的投资能力，用较低的成本进行学习，以更低的成本参与竞争，后来者居上。③技术上的突破和变化会使组织过去的投资设备和通过学习积累的经验变得失效。④用户偏好发生变化，开始重视非价格因素。⑤成本领先组织往往依靠低价位来保持竞争优势，一旦出现差异化的竞争者，降价的竞争方式势必使其获利空间大大缩小。

2. 差异化战略

(1) 差异化战略的概念。差异化战略（Differentiation Strategy）是指组织设法向顾客提供的产品和服务与竞争者的产品和服务区别开来，在行业范围内树立起别具一格的经营特色，以特色来取得竞争优势。差异化战略的关键是在消费者感兴趣的方面和环节树立自己的特色。

(2) 差异化战略的适用条件。采用差异化战略的适用条件主要包括：①购买者对产品或服务的需求和使用多种多样。②存在创造差异化的途径，而且购买者认为这些差异是有价值的。③采用类似差别化途径的竞争对手很少。④行业的技术变革很快，市场上的竞争主要集中在不断地推出新的特色产品。⑤一般在产品生命周期的成长期采用。⑥企业自身的条件适合进行差异化，比如有较强的研发能力、市场营销能力和管理协调能力，具有一定的声望。

(3) 差异化战略的益处。差异化战略的益处主要包括：①差异化战略产生的高边际收益增强了组织对付供应商讨价还价的能力。②差异化战略可削弱购买商的讨价还价能力。③组织通过差异化战略建立起顾客对本产品的信赖，使得替代品无法在性能上与之竞争。

（4）差异化战略的风险。差异化战略的风险主要包括：①实行差异化战略的组织，其生产成本可能很高。②顾客对差异化的认可程度下降。③随着组织所处行业的发展进入成熟期，差异化产品的优点很可能为竞争对手所模仿，削弱了产品的优势。④过度差异化，成为了为差异化而差异化。

3. 集中化战略

（1）集中化战略的概念。集中化战略（Focus Strategy）是组织根据特定消费群体的特殊需求，将经营范围集中于行业内的某一细分市场，使组织的有限资源得以充分发挥效力，在某一局部超过其他竞争对手，建立竞争优势。集中化战略的三种具体形式包括：产品线集中化战略、顾客集中化战略、地区集中化战略。

集中化战略是组织在特定的细分市场上实现低成本或差异化优势。对一些力量还不足的中小组织来说，集中化战略的实施可以增加相对竞争优势。

（2）集中化战略的适用条件。采用集中化战略的适用条件主要包括：①购买者在需求上存在差异。②没有强大的对手窥视这一战略。③组织没有实力关注广泛的目标市场。④目标市场有足够的吸引力。

（3）集中化战略的益处。集中化战略的益处主要包括：①集中化战略便于集中使用整个组织的力量和资源，更好地服务于某一特定的目标。②将目标集中于特定的部分市场，组织可以更好地调查研究与产品有关的技术、市场、顾客以及竞争对手等各方面的情况。③战略目标集中明确，经济成果易于评价，战略管理过程也容易控制，从而带来管理上的便捷。

（4）集中化战略的风险。集中化战略的风险主要包括：①由于组织的全部力量和资源都投入了一种产品、服务或一个特定市场，当顾客的偏好发生变化、技术出现创新或有新的替代品出现时，就会发现这部分市场对产品或服务的需求下降，组织就会受到很大冲击。②竞争者打入了组织选定的部分市场，并且采取了优于组织的更集中化的战略。③产品销量可能降低，产品要求不断更新，造成生产费用的增加，使得采取集中化战略组织的成本优势被削弱。

在对三种竞争战略进行选择时，要考虑以下四个因素：①经济发展水平。经济发展水平较高时，由于人们收入高，而且市场竞争又激烈，最好采取差异化战略。②组织自身资源和能力。在组织发展初期，自身规模较小、实力较弱，应选择集中化战略。③行业所处生命周期阶段。在行业投入期和成长期，为刺激需求、抢占市场，应实行成本领先战略；在成熟期和衰退期，消费需求多样化、个性化，应以差异化战略为主。④产品类别。对标准化程度高的工业品和日用消费品应采取成本领先战略；对专用工业品和耐用消费品，应采取差异化战略。

四、战略实施

战略实施是通过建立和发展行动的能力和机制，将战略方案转化为行动从而产生结果的过程。战略实施是战略管理的关键。制定了正确的战略并不等于战略的成功，如果精心选择的战略不付诸实施，或不认真地组织实施，那么以前的努力将被浪费。

战略实施是一个讲求效率、关注协调的行动过程。这一转变过程的基本条件是非营利组织管理者和全体职员理解组织的业务，认识到自己是组织的一部分。

战略实施的工作内容主要包括：①建立能够保障战略成功实施的组织。②战略目标分解，自上而下地逐层分解，形成部门的子目标，直至最基层的目标。③建立保障战略的预算，将组织的资源分配给对组织战略至关重要的内部活动中。④为关键的位置挑选有能力的人才，确定组织具有其所需要的技术、管理人才和资源力量。⑤鼓励组织的员工，引导他们努力地向组织所建立的目标奋斗。同时，如果有必要，对他们的职责和工作行为进行修订。⑥设计与业绩目标和战略紧密联系的奖励和激励体系。⑦建立组织的信息系统、交流系统和运作系统，使组织的所有员工都能始终如一和有效地完成他们的战略任务。⑧形成有利于战略实施和执行的组织文化和工作环境。

五、战略评估

战略评估是战略管理过程的最后阶段。战略评估是监督控制战略实施，并对战略实施的绩效进行评估及战略调整的过程。

战略评估的工作流程包括：①检查战略基础，以了解构成现行战略的机会和威胁、优势和劣势等是否发生变化，发生了何种变化，为什么发生变化。②衡量战略绩效，即衡量目标与实际结果。③战略的修正与调整。如果业绩低于一般水平，战略执行进展很小，或重要外部环境发生变化，则应该对战略进行适当的修正和调整。比如，调整组织的长期发展方向；重新界定组织的业务；缩小、扩大或彻底改变战略展望；提高或降低业绩目标。

第三节　非营利组织的战略分析工具

战略制定系统中将内外因素进行匹配的分析工具有以下几种：SWOT 矩阵（态势分析法）、波士顿矩阵（BCG 矩阵）、IE 矩阵、SPACE 矩阵（战略地位与行动评价矩阵）、大战略矩阵（战略聚类模型）、GE 矩阵（行业吸引力矩阵）、麦克米兰矩阵。

由于非营利组织具有一定的特殊性，即它们侧重于社会效益而不是经济效益，因此并非所有的分析工具都适用。非营利组织常用的战略分析工具主要包括三种：SWOT 矩阵、波士顿矩阵、麦克米兰矩阵。

一、SWOT 矩阵（态势分析法）

SWOT 矩阵是一种战略分析方法，即态势分析法。其主旨在于通过了解组织自身的优势和劣势，抓住组织外部的机会，规避组织外部的威胁，从而制定行动战略。

SWOT是四个英语单词的首字母，其中，S代表Strength（优势），W代表Weakness（劣势），O代表Opportunity（机会），T代表Threat（威胁）。其中，S、W是内部因素，O、T是外部因素。按照组织战略的完整概念，战略应该是一个组织“能够做的”（即组织的强项和弱项）和“可能做的”（即环境的机会和威胁）之间的有机组合。应用SWOT矩阵的步骤是[①]：

（一）列出组织的优势和劣势、机会与威胁

1. 列出组织的内部优势（Strength）

内部优势是指一个组织超越竞争对手的能力，或者指组织所特有的能提高竞争力的东西。比如：强大的策略、强大的财务条件、强大的品牌形象、广泛认知的市场领导、能够利用的规模经济、专有技术/卓越技能、成本优势、强大的广告和促销能力、产品革新技能、良好的服务、优越的产品质量、足够的市场份额、联盟或合资。

2. 列出组织的内部劣势（Weakness）

内部劣势是指组织缺少或做得不好的东西，或指某种会使组织处于劣势的条件。比如：无明确战略方向、过量的债务、成本高于对手、缺少关键技术/竞争力、内部经营问题困扰、研究开发落后、品牌和声誉低、战略资金短缺。

3. 列出组织的外部机会（Opportunity）

外部机会是指从组织的外在环境中，寻找获得的有利条件。比如：客户群扩大、业务扩张进入新领域、垂直整合、获得对手的市场份额、市场需求增势强劲、购并竞争对手、新技术可以得到推广、有拓展品牌的空间。

4. 列出组织的外部威胁（Threat）

外部威胁是指可能对组织造成损失的危险，即问题。比如：潜在的强

---

① 弗雷德·R. 戴维. 战略管理［M］. 8版. 李克宁，译. 北京：经济科学出版社，2001.

大竞争对手可能进入、替代品抢占组织销售额、市场增长率下降，成长缓慢、新的法规或政策、客户和供应商的谈判能力在提高、客户需求及偏好发生转移、人口条件改变、容易受到行业因素的冲击。

（二）优势、劣势与机会、威胁相组合，形成SO、WO、ST、WT策略

1. 形成SO战略

将内部优势与外部机会相匹配，形成SO战略（增长战略）。SO战略是一种发展组织内部优势、利用外部机会的战略，是一种理想的战略模式。如果组织具有特定方面的优势，而外部环境又为发挥这种优势提供机会时，可以采取该战略。

2. 形成WO战略

将内部劣势与外部机会相匹配，形成WO战略（扭转战略）。WO战略是利用外部机会来弥补内部劣势，使组织改变劣势而获得优势的战略。如果存在外部机会，但由于组织存在一些内部弱点而妨碍其利用机会，可以采取措施先克服这些弱点。

3. 形成ST战略

将内部优势与外部威胁相匹配，形成ST战略（多元化战略）。ST战略是指组织利用自身优势、回避或减轻外部威胁所造成影响的战略。

4. 形成WT战略

将内部劣势与外部威胁相匹配，形成WT战略（防御战略）。WT战略是一种旨在减少内部弱点、回避外部环境威胁的防御性技术。

（三）对SO、ST、WO、WT策略进行甄别和选择，确定组织应该采取的策略

在SWOT矩阵中共有四种组合，即优势-机会（SO）组合、劣势-机会（WO）组合、优势-威胁（ST）组合、劣势-威胁（WT）组合。其中，SO组合是组织的最佳选择，即通过发挥自身优势，最大限度地利用外部环境所提供的机会，从而实现组织的快速发展。而WT组合是组织最应该

避免的组合。

SWOT 矩阵如表 4-2 所示：

表 4-2　SWOT 分析与战略制定

内部能力 外部因素	优势（S） 1. 2.　　列出优势 3. ……	劣势（W） 1. 2.　　列出劣势 3. ……
机会（O） 1. 2.　　列出机会 3. ……	SO 战略（增长战略） 1. 2.　　发挥优势 3.　　利用机会 ……	WO 战略（扭转战略） 1. 2.　　利用机会 3.　　克服劣势 ……
威胁（T） 1. 2.　　列出威胁 3. ……	ST 战略（多元化战略） 1.　　利用优势 2.　　规避威胁 3. ……	WT 战略（防御性战略） 1.　　减小劣势 2.　　规避威胁 3. ……

二、波士顿矩阵（BCG 矩阵）

波士顿矩阵（BCG Martix），又称为市场增长率-相对市场占有率矩阵、波士顿咨询集团法、四象限分析法、产品系列结构管理法等。波士顿矩阵是 1979 年由美国大型商业咨询公司——波士顿咨询集团（Boston Consulting Group）首创的一种规划企业产品组合的方法。当组织战略包含多种业务时，波士顿矩阵能为决策者提供一个框架，有助于理解多元化业务，帮助管理者建立制定资源分配决策的优先目标。

波士顿矩阵显示了组织各部分在市场份额和产业增长速度方面的差异。问题的关键在于：如何使组织的产品品种及其结构适合市场需求的变化，只有这样，组织的生产才有意义。同时，如何将组织有限的资源有效地分配到合理的产品结构中以保证组织收益，是组织在竞争中能否取胜的关键（见图 4-2）。

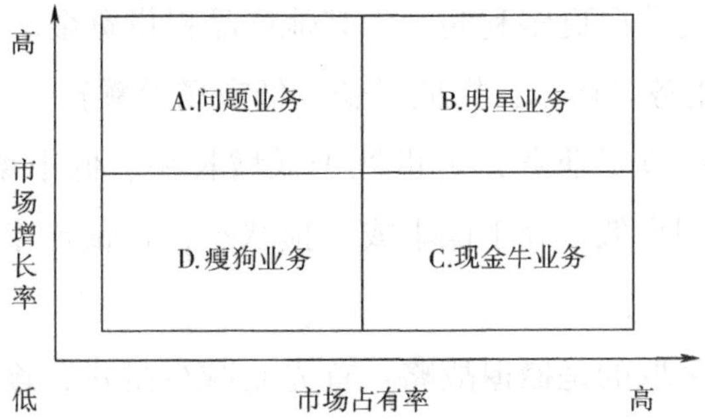

图 4-2　波士顿矩阵

如图 4-2 所示，根据有关业务的市场增长率和市场占有率标准，波士顿矩阵把组织的全部经营业务分为四类：

（一）问题业务（Question Marks，指高增长、低市场份额）

问题业务是指处于高增长率、低市场份额的业务。前者说明市场机会大、前景好，后者则说明在市场营销上存在问题。其财务特点是利润率较低，所需资金不足，负债比高。

对问题业务采取的是发展战略：在长期计划中，列出对问题业务的改进与扶持方案。

（二）明星业务（Stars，指高增长、高市场份额）

明星业务是指处于高增长率、高市场份额的业务，这类业务可能成为组织的现金牛业务，需要加大投资以支持其迅速发展。

对明星业务采取的是收割战略：积极扩大经济规模和市场机会，以长远利益为目标，提高市场占有率，加强竞争地位。

（三）现金牛业务（Cash Cows，指低增长、高市场份额）

现金牛业务是指处于低增长率、高市场占有率的业务，已进入成熟期。其财务特点是销售量大、业务利润率高、负债比率低，可以为组织提供资金。由于增长率低，也无需增大投资，因而成为组织回收资金、支持其他业务（尤其是明星业务）的后盾。

对现金牛业务采取的是稳定战略：把投资尽量压缩；采用榨油式的方法，争取在短期内获取更多利润，为其他产品提供资金。

（四）瘦狗业务（Dogs，指低增长、低市场份额）

瘦狗业务也称衰退业务，是指处于低增长率、低市场占有率的业务。其财务特点是利润率低、处于保本或亏损状态，负债比率高，无法为组织带来收益。

对瘦狗业务采取的是撤退战略：首先是减少批量，逐渐撤退；其次是将剩余资源转移到效益较高的业务；第三是整顿业务系列，将瘦狗业务与其他事业部合并，统一管理。

三、麦克米兰矩阵

麦克米兰矩阵是由美国哥伦比亚商业研究所麦克米兰教授在 1983 年所写的文章《非营利组织的竞争战略》中提出的。该矩阵根据四项指标评估非营利组织当前的每一方案，并提出相应的战略发展建议。

如表 4-3 所示，四个指标分别是：①符合使命；②竞争地位；③吸引潜在的资源和加强现有方案；④选择范围。最终形成十种发展战略：①激烈竞争；②积极的成长；③积极的放弃；④加强实力或放弃；⑤逐步形成一流的竞争者；⑥组织的灵魂；⑦依次放弃；⑧外援或合资；⑨积极的放弃；⑩依次放弃。

表 4-3　麦克米兰矩阵

<table>
<tr><td colspan="2" rowspan="3">项目</td><td colspan="2">吸引潜在的资源和加强现有方案：是</td><td colspan="2">吸引潜在的资源和加强现有方案：否</td></tr>
<tr><td colspan="2">选择范围</td><td colspan="2">选择范围</td></tr>
<tr><td>高</td><td>低</td><td>高</td><td>低</td></tr>
<tr><td rowspan="2">恰好符合</td><td>优势竞争地位</td><td>1. 激烈竞争</td><td>2. 积极的成长</td><td>5. 逐步形成一流的竞争者</td><td>6. 组织的灵魂</td></tr>
<tr><td>弱势竞争地位</td><td>3. 积极的放弃</td><td>4. 加强实力或放弃</td><td>7. 依次放弃</td><td>8. 外援或合资</td></tr>
<tr><td colspan="2">不太符合</td><td colspan="2">9. 积极的放弃</td><td colspan="2">10. 依次放弃</td></tr>
</table>

关键术语

战略　战略管理　战略管理者　战略环境　战略制定　战略实施　战略评估　公司战略　竞争战略　职能战略　使命陈述　PEST 分析　波特五力分析模型　利益相关者分析　核心竞争力　借力发展战略　兼并战略　联盟战略　成本领先战略　差异化战略　集中化战略　SWOT 矩阵　波士顿矩阵　麦克米兰矩阵

复习思考题

1. 战略的定义是什么？
2. 战略与战术、策略之间是什么关系？
3. 战略与规划、计划之间是什么关系？
4. 战略具有哪些特征？
5. 战略管理的定义是什么？
6. 整个战略管理过程分为哪几个阶段？
7. 战略管理分为哪几个层次？

8. 战略管理者由哪几部分人员构成？

9. 非营利组织的战略管理与企业的战略管理之间的共同点和不同点是什么？

10. 非营利组织使命的构成要素包括哪几个方面？

11. 非营利组织的资源分析包括哪几个方面？

12. 迈克尔·波特提出的三种竞争战略是什么？

第五章 非营利组织的内部治理

【本章提要】

本章介绍非营利组织的内部治理，共分为三节内容：第一节是非营利组织内部治理的概念和特点，主要介绍非营利组织内部治理的概念、层面和作用、特点以及我国非营利组织内部治理存在的问题。第二节是非营利组织的内部治理结构，主要介绍非营利组织的权力机构、决策机构、执行机构、监督机构。第三节是非营利组织的内部治理机制，主要介绍非营利组织的内部决策机制、内部监督机制、内部激励机制。

规范的内部治理是非营利组织发挥自身作用、实现健康发展的基本前提。2013年《国务院机构改革和职能转变方案》明确提出要加快形成政社分开、权责明确、依法自治的现代社会组织体制，重点就是针对社会组织的内部治理问题。

非营利组织在管理中存在的问题，很多都与内部治理有关。当前，我国很多非营利组织的内部治理机制不健全，存在着缺乏制度规范、机构设置不合理、内部权力结构不平衡、决策机制不科学、监督机制不健全、激励机制不完善等问题。在这种情况下，提升内部治理能力是非营利组织的当务之急。

第一节　非营利组织内部治理的概念和特点

一、非营利组织内部治理的概念

“治理”一词在不同学科领域有不同的概念，主要是政治学意义上的“治理”和管理学意义上的“治理”。

（一）政治学意义上的治理

“治理”（Governance）一词源于古希腊语与古拉丁文，有指导和驾驭的含义。1989 年世界银行报告中首次提出了“治理”概念。“治理”一词的出现，主要是突出与“统治”“管理”的区别。“治理”主要用于与政府公共事务相关的管理活动和政治活动中，是以一种新的方式来统治社会。联合国“全球治理委员会”（Commission on Global Governance）在 1995 年发表了一份题为《我们的全球伙伴关系》（Our Global Neighborhood）的研究报告，提出治理的概念：“各种公共的或私人的机构管理其共同事务的诸多方式的总和。”

在政治学中，治理理论（Governance Theory）是说明政府与社会关系的一种学说，并不涉及组织的内部管理。治理理论突破了以往政府在公共事务管理中的单一主体地位，更加强调多元主体在公共事务管理中的作用，并且要求多元主体之间要加强合作与互动。在治理理论中，政府与社会、公共部门与私营部门之间是合作与共赢的关系，通过整合各种力量和资源，形成“善治”的社会体制。因此，治理理论为非营利组织的作用与发展提供了理论基础。

（二）管理学意义上的治理

非营利组织内部治理是管理学意义上的“治理”。非营利组织内部治理的方法源自于公司的内部治理。从 20 世纪开始，现代公司制度的发展出现了股权结构分散化的特征，使得公司的投资者与经营者之间的关系出现变化。公司治理的目标是平衡不同利益之间的关系，在公司股东与经营者之间实现利益平衡。我国在 20 世纪 90 年代中期的国有企业改制时期，提出了加快建立现代企业制度、完善公司法人治理结构的要求，“公司治理”“企业法人治理结构”的理念已经逐步深入人心。公司治理是规范公司内部相关各方的权力、责任和利益的制度安排，是现代企业制度中的重要制度。在公司治理的架构下，通过约束经理人使他们能够为所有者的利益服务。公司治理的理论主要有两权分离理论、委托-代理理论、利益相关者理论、超产权理论，它们构成了公司治理的理论依据。

非营利组织与公司的目标不同，但是非营利组织内部治理可以借鉴企业内部治理的模式。非营利组织内部也存在委托-代理关系，可能出现代理人行为失控的问题，从而损害委托者的利益。非营利组织的内部治理是在组织的所有权和经营权相分离的情况下，对决策机构、执行机构和监督机构的结构与功能、权利与义务、激励与监督等方面的制度安排，其重点在于建立和完善以章程为核心的内部管理制度，充分发挥各部门的职能作用。

由此可见，非营利组织的治理包括两层含义：①外部治理，即政治学意义上的治理。外部治理是由组织的外部力量和因素对非营利组织实施监督和管理，这些力量包括登记管理机关、业务主管单位、捐赠人、服务对象或受益人、所在社区、媒体报道、公众等相关主体。②内部治理，即管理学意义上的治理。内部治理是由组织的内部力量和因素对非营利组织实施监督和管理，这些力量包括理事会、监事会、管理层、员工等相关主体。因此，“非营利组织治理”并不等同于“非营利组织内部治理”，“非营利组织治理”的内涵和外延要大于“非营利组织内部治理”。

二、非营利组织内部治理的层面和作用

（一）非营利组织内部治理的层面

非营利组织内部治理包括两个层面：

1. 内部治理结构

非营利组织内部治理结构，即组织结构层面的治理。

2. 内部治理机制

非营利组织内部治理机制，即组织内部运行机制层面的治理。非营利组织内部治理机制以治理结构为基础，只有建立合理、完善的治理结构，才能实现内部治理机制的有效运作。

（二）非营利组织内部治理的作用

非营利组织内部治理的作用主要包括：

1. 确保组织合法性

确保非营利组织的管理运作符合法律、法规、政策和章程的规定，保持非营利属性不变。

2. 实现相互分权与制衡

确保非营利组织的内部管理相互分权与制衡，实现运作的高效率。

3. 激励员工积极性

合理的激励机制可以使管理层和员工努力工作，有效的监督机制可以监督决策者、管理者和员工的行为，从而促进组织目标的达成。

4. 实现公开透明

完善的内部治理机制可以保障非营利组织具有公信力，实现公开透明。

三、非营利组织内部治理的特点

与营利性组织相比，非营利组织的内部治理有其自身特点，主要包括以下几个方面：

（一）存在“所有者缺位”问题

非营利组织具有非营利性，它的所有权并不归属于个人、股东或某一团体。非营利组织是社会所有制的组织，其财产归属于全社会所有，但现实中往往存在着“所有者缺位”的问题。“社会”是非常模糊的，“理事会”虚置的情况严重，难以真正发挥所有者的作用。因此，非营利组织应建立明晰的产权关系，理顺内部治理关系，这对于组织的健康发展非常重要。

（二）三权分离的组织架构

非营利组织的治理是以所有权、经营权和受益权分离为基础的。在公司的治理中，虽然所有权和经营权是分离的，但其所有权和受益权是一致的。非营利组织的出资人和受益人是不同的，出资人在完成了捐赠行为后，便失去了对组织利润的分配权。

（三）委托-代理关系比较复杂

委托-代理关系是一种“契约”关系。非营利组织内部存在着复杂的委托-代理关系，会员制组织是三重委托关系，非会员制组织是双重委托关系。

会员制组织的委托-代理关系包括：会员与会员大会的委托-代理关系，会员大会与理事会的委托-代理关系，理事会与秘书处的委托-代理关系。

非会员制组织的委托-代理关系包括：社会与理事会的委托-代理关系，理事会与执行机构的委托-代理关系。

在复杂的委托-代理关系中，必须要明确会员大会、理事会、执行机构之间的职权关系，否则会导致非营利组织运行不畅。

（四）缺乏利益驱动机制

公司的股东、董事和经理，都有明确的利益驱动机制作为公司的发展动力。与之相比，非营利组织出资人的行为被视为捐赠行为，组织的财产归组织所有，其管理者不能对利润进行分配，在内部治理上不能借助利益驱动机制促进理事、管理层和员工的行为。

（五）容易形成内部人控制

非营利组织的目标是实现社会公益使命，这是法律和组织章程赋予其的地位，它们在实际运作中也要遵从这一规定。但是，由于利益驱动、信息不对称和监督机制不健全等原因，非营利组织的内部人（即管理者）可能会为了追求个人利益最大化而违背宗旨原则，凭借所掌握信息上的优势和管理运营权力架空理事会和监事会，理事会和监事会无法掌握组织运作的具体信息。管理者可能会利用"所有者缺位"这一特征谋取私利，将公共资产变为个人资产。因此，在非营利组织内部治理中，应处理好社会公益目标和逐利倾向的问题，从而构建良好的内部治理机制。

（六）评估与监督机制比较复杂

非营利组织的产出不是一种产品或商品，而是公共服务。目前，对服务的评估缺乏明确标准，难以做到量化。非营利组织的服务是第三方付费，通常是捐赠人付费或政府通过购买服务的形式付费，付费方不是接受服务的受益人。中间环节过多造成的结果是，服务情况无法直接地、全面地传导给付费人，这会导致某些机会主义的、逐利倾向的机构在服务中偷工减料、弄虚作假，而不容易被外界发现。因此，非营利组织内部治理要建立完善的监督机制，保持非营利组织的性质不变。

四、我国非营利组织内部治理存在的问题

由于我国非营利组织尚处于发展的初级阶段，法律法规和自身发展都不够健全，非营利组织在内部治理方面存在着一些问题。

（一）内部治理对政府依赖性强

我国相当一部分非营利组织是由各级政府或政府官员创办的，这些组织的资源来自于政府，其资金、活动方式、管理体制都高度依赖于政府，政府对非营利组织的内部治理有很大的影响力。政社不分的问题导致了很多非营利组织在性质和地位上，不能真正实现独立自主和内部自治。

（二）章程制度缺乏执行落实

一些非营利组织在内部制度建设方面不够重视、投入精力不足，章程制度比较简略，对章程的贯彻落实不力；在实际运作中，缺乏规章制度作为保障，有些组织即使有制度也是非常简略，没有执行到位。

（三）内部治理的民主意识不强

一些非营利组织负责人没有民主治理的意识，将私营企业的管理方式和运营理念直接嫁接到非营利组织。一些非营利组织的创始人是“个人魅力型”领导，有很多荣誉和头衔，而下级职员与其的能力落差极大，这样的组织习惯于创始人个人独断，不能按照民主规则解决问题。

（四）缺乏监督与制约机制

一些非营利组织的内部没有明确分权，个人将决策权、执行权和监督权集于一身。非营利组织举办者的权力过大，举办者掌握选择谁担任理事和监事的权力，控制着组织的信息和财务。很多理事和监事只是挂名而已，他们对自己的权利和义务并不熟悉，他们既不享受任何经济利益，在主观上也不愿意承担任何责任，更类似于“顾问”的角色。在这种情况下，非营利组织的理事会、监事会制度形同虚设，不能有效履行职责，权力得不到真正的监督与约束。

第二节　非营利组织的内部治理结构

完善非营利组织内部治理结构的关键是理顺各部门的横向纵向关系，清楚地界定各机构的职责权力，使部门之间形成分工合作、相互制约的关系。健全以章程为核心的独立自主、权责明确、运转协调、制衡有效的非营利组织法人治理结构，确保内部治理结构的完善。按照职能划分，非营利组织的内部治理结构主要包括：权力机构（会员大会或会员代表大会）、决策机构（理事会）、执行机构（秘书处或执行层）和监督机构（监事会）。

不同类型非营利组织内部治理结构的组成部分有所不同。会员制组织的组织机构包括权力机构、决策机构、执行机构和监督机构；非会员制组织不存在权力机构，其组织机构只包括决策机构、执行机构和监督机构。

一、非营利组织的权力机构

权力机构是非营利组织中的社会团体所特有的，是社会团体依法行使自治权力的机构。社会团体的权力机构是会员大会或会员代表大会，会员大会由自愿加入组织的单位会员和个人会员组成。有些社会团体的会员数量较多，可以设立会员代表大会代行职能。会员代表大会按照章程的规定定期召开，为保证会员代表的代表性和公正性，会员代表的数量应至少占会员总数的一定比例。

二、非营利组织的决策机构

决策机构是非营利组织中行使决策权力、承担决策职责的机构。非营利组织的决策机构是理事会。在社会团体中，理事会由会员大会（或会员代表大会）选举产生，是会员大会（或会员代表大会）的执行机构。

理事会决定组织发展的重大事项，是内部治理结构的核心部分。理事会对组织发展的成败承担最终的责任，必须掌握对整个组织的最大控制权，否则决策权就无从谈起。对于日常性决策的事项，理事会不予以干预，由执行机构具体负责。

理事会的职能主要是：①决定组织的章程制定。章程是组织的纲领性文件，规定组织的宗旨、业务范围、理事职责、决策规则、决策程序等。章程的制定和修改都需要经过理事会表决通过。②决定组织目标、长远发展战略、筹款战略、部门设置。这些方面的工作先由执行机构草拟方案，然后由执行机构负责人审批，最后经理事会投票表决方能生效。③决定组织的重要人事任免。非营利组织中最重要的几个职位，法人代表、执行机构负责人、财务负责人都是由理事会负责任免。对于违反法律法规、违背本组织章程和规章制度的管理者及员工，理事会有权罢免其职务。④组织的资源获取。理事会凭借自身的社会资源，为非营利组织获取资金、项目、场地、信息等资源。理事会是负责筹款工作的主体，理事可以直接对外进行筹款，并负责建立筹款工作机制、考核筹款工作绩效。

三、非营利组织的执行机构

执行机构是非营利组织负责执行决策和管理日常事务的机构。执行机构对决策机构负责，向决策机构报告工作。执行机构的负责人是执行长。这一职务在不同类型非营利组织中的称谓有所不同，在社会团体和基金会中的称谓是秘书长，在民办非企业单位中的称谓是执行主任、总干事、所长、院长等。执行长是落实和执行理事会决策的核心，负责领导管理团队开展日常工作。

执行长负责每年对整个组织的每位员工的工作绩效进行考核评估，带领员工努力实现组织所确定的战略规划。比如：在社会团体中，秘书长负责秘书处的日常工作。秘书处行使的职责包括：根据会长的指示及理事会决议，筹备会员大会、理事会会议和组织的其他活动；妥善保管组织的有关档案和材料；处理理事会交办的其他工作等。

非营利组织的执行机构通常分为若干部门，比如项目部、财务部、人力资源部、媒体宣传部、筹款部等，负责组织的项目、财务、行政、人事、资源开发、对外联络、宣传推广等工作。各部门的负责人是组织的中层管理人员。执行机构的负责人既要具备一般职业经理人的职业素养，还要具备较强的社会使命感、服务意识和公益精神。

四、非营利组织的监督机构

监督机构是非营利组织中负责监督组织的业务活动和财务管理合法性的机构。非营利组织的监督机构是监事会。监事会不只是监督执行机构的运营管理，也监督决策机构的决策合法性。对于规模较小的非营利组织，可以不设监事会，只设立 1~2 名监事。

第三节　非营利组织的内部治理机制

为了维持组织的发展，非营利组织需要建立一套完善的内部治理机制。内部治理机制是非营利组织治理过程中使用的各种治理手段和方法，以达到治理目标。内部治理机制的内容广泛，涵盖了决策、监督和激励等多个方面，相应地建立内部决策机制、内部监督机制、内部激励机制。其中，内部决策机制和内部监督机制是社会组织三个条例以及章程规定框架下的具体化体现，内部激励机制是非营利组织运作管理中自主性较强的部分。

一、非营利组织的内部决策机制

内部决策机制是指非营利组织中决策主体的确立、决策权划分和决策方式。非营利组织的人、财、物等重大事项的决策，都要经过民主程序，不得由个人专断。决策机构的决策是对组织发展方向和重要事项的决策，然后由执行机构负责具体落实。当理事会和执行机构发生矛盾时，应以理事会的决议为准。

会员制组织和非会员制组织的决策机制是不同的。会员制组织由会员大会和理事会共同掌握决策权力；非会员制组织因为没有会员的存在，也就没有会员大会或会员代表大会，理事会是组织的最高决策机构，对组织的重大事项享有决策权，同时也承担决策责任。

为了完善内部决策机制，非营利组织可以在章程中对决策机制的内容进行细化，制定民主选举制度、会员大会制度、理事会制度等配套规章制度和实施细则，规定民主决策的决策范围、决策程序、会议制度、投票表决方式等。

（一）会员大会的运作机制

会员制组织是指社会团体，其决策机制以会员大会（或会员代表大会）和理事会为主体。会员制组织的内部决策是层级制决策。会员大会和理事会的决策是按照事项的重要程度来行使决策权，理事会向会员大会报告工作。秘书处作为会员制组织的常设办事机构，可以划分为若干工作部门，负责具体事务性工作。

1. 会员大会（或会员代表大会）的职责

会员大会（或会员代表大会）由全体会员（或会员代表）组成，是社会团体的最高权力机构，享有对重大事项的决定权，这种权力的行使基于自治性与代表性。会员大会（或会员代表大会）的职责主要包括：①制定和修改章程；②选举和罢免理事；③审议理事会的工作报告和财务报告；④决定终止事宜；⑤决定其他重大事宜。

2. 会员大会的会议机制

会员大会的决策权是通过会议的形式实现的。会员大会（或会员代表大会）须有2/3以上的会员（或会员代表）出席方能召开，其决议须经到会会员（或会员代表）半数以上表决通过方能生效。会员大会或会员代表大会每届最长不得超过5年。因特殊情况需提前或延期换届的，须由理事会表决通过，报业务主管单位审查并经登记管理机关批准同意。但延期换届最长不得超过1年。

（二）理事会的运作机制

1. 理事会的产生机制

理事会由一定数量的理事组成，理事是由选举产生的。

（1）理事的任职资格。我国法律并没有规定哪些人有资格担任理事，非营利组织在理事选择上是比较自由的。但是，有些组织在理事选择上过于随意，比如请自己的亲属、老乡或朋友担任理事，他们担任理事之后不可能进行有效的决策和监督。

（2）理事的选择。非营利组织的理事既要有内部理事，也要有外部理事。外部理事是与本组织无直接利益关系的人，这样才能更好地代表社会的利益。非营利组织的理事会成员应该是多元的和独立的，理事会可以由出资人代表、捐赠人代表、受益人代表、专家学者、员工代表、志愿者代表组成。

出资人代表是注册资金的出资方，可能是企业负责人或工作人员，一般是出资人担任理事和理事长，有些出资人还同时担任法人代表。

捐赠人代表是对组织活动资金给予定期捐赠的人，往往是组织资金的主要提供者。捐赠人担任理事，可以更好地了解和监督资金的使用情况，增加捐赠人和组织之间的互信程度，有利于组织的对外筹款。

受益人代表是组织的服务对象，他们最了解组织服务的现状与问题。受益人担任理事，可以对组织提供服务的情况提出建议并进行监督，促进组织更好地实现社会公益使命。

专家学者包括非营利组织专家、特定服务领域专家、法律专家、财务专家等。专家学者担任理事，可以对组织的运作提出专业性意见，促进工作人员素质的提高，提升组织的专业性水平。

员工代表是员工中对组织贡献较大的人，他们对组织的运作和服务比较熟悉。员工担任理事，可以对组织提供有针对性的建议，同时也是组织管理民主化的体现。

志愿者是为组织贡献时间和精力的人，他们的无私奉献对组织的发展非常重要。志愿者担任理事，可以促进志愿服务的发展，提高志愿者对组织的归属感和认同感。

理事会成员参与非营利组织的工作并没有获取任何经济利益，不能因此获得工资和报酬。理事的工作实际上是公益性、志愿性的行为，可能会因此而导致有些理事参与的动力不足。针对这一问题，在聘请理事的时候，除了考察其专业性以外，还要重点要考察其志愿服务精神。另外，对于理事履行工作职责的情况，应当由理事会加强约束和监督。

（3）调动理事积极性的方法。为了调动理事参与工作的积极性，非营利组织可以采取以下方法：①可以在理事会中成立若干专业委员会，比如筹款委员会、人力资源委员会、战略发展委员会、公共关系委员会、审计委员会等。各个委员会根据各自职责分工，先进行内部研究和提出方案，再提交理事会进行讨论表决，以提高理事会的工作效率和专业水平。②设立专门负责与理事沟通的专员或部门，定期给理事发送工作简报和工作总结的邮件。③对理事的付出给予补偿，比如报销交通费、颁发荣誉证书等。只有理事充分履行了自身的职责，才能促进内部治理的完善，推动组织的良性发展。

2. 理事会的职责

理事会要对组织的运作负责，确保组织合法、有效地开展工作。

（1）社会团体理事会的职责。在社会团体中，理事会是会员大会（或会员代表大会）的执行机构，在其闭会期间领导本团体开展日常工作，对其负责。理事会是社会团体的常设决策机构，但其所决定事项的重要性要低于会员大会（或会员代表大会）。如果理事会的决议与会员大会（或会员代表大会）的决议相冲突，应以会员大会（或会员代表大会）的决议为准。

社会团体理事会的职责是：①执行会员大会（或会员代表大会）的决议。②选举和罢免理事长（会长）、副理事长（副会长）、秘书长。③筹备召开会员大会（或会员代表大会）。④向会员大会（或会员代表大会）报告工作和财务状况。⑤决定会员的吸收或除名。⑥决定设立办事机构、分支机构、代表机构和实体机构。⑦决定副秘书长、各机构主要负责人的聘任。⑧领导本团体各机构开展工作。⑨制定内部管理制度。⑩决定其他重大事项。

（2）民办非企业单位和基金会理事会的职责。在民办非企业单位和基金会中，不存在作为权力机构的会员大会（或会员代表大会），其权力由理事会行使。

民办非企业单位和基金会理事会的职责是：①制定和修改章程。②决定重大业务活动计划。③决定年度财务预算和决算。④制定内部管理制度。⑤选举和罢免理事。⑥任免本单位执行机构负责人。⑦决定本单位的分立、合并或终止。⑧决定内部机构或办事机构、分支机构、代表机构的设置。

在以上职责的基础上，民办非企业单位理事会的职责还包括决定增加开办资金的方案，决定从业人员的工资报酬；基金会理事会的职责还包括听取、审议秘书长的工作报告，检查秘书长的工作。

3. 理事会的会议制度

非营利组织的理事会通过召开理事会会议来行使其职责。

（1）社会团体理事会的会议制度。社会团体的相关法规规定：①理事会须有 2/3 以上理事出席方能召开，其决议须经到会理事半数以上表决通过方能生效。②理事会每年至少召开一次会议；情况特殊的，也可采用通讯形式召开。

（2）民办非企业单位和基金会理事会的会议制度。民办非企业单位和基金会的相关法规都规定：①理事会每年至少召开两次会议。理事长认为有必要时，可召集理事会会议。1/3 以上理事联名提议时，必须召开理事会会议。②出席理事会会议的人数只有符合法定人数，会议才合法有效。对于民办非企业单位，出席的理事人数应达到理事总人数的 1/2 以上；对于基金会，出席的理事人数应达到理事总人数的 2/3 以上。民办非企业单位的理事因故不能出席的，可以书面委托其他理事代为出席理事会，委托书必须载明授权范围。③理事会会议的表决事项分为一般事项和重要事项，二者采取不同的表决规则。一般事项的决议，须经全体理事的过半数通过方为有效。重要事项的决议，须经全体理事的 2/3 以上通过方为有效，重要事项主要是指章程的修改、本单位的分立或合并。④理事会会议的表决采取每人一票的方式。投票分为赞成票、反对票和弃权票，不得以鼓掌方式进行表决。⑤召开理事会会议，要向理事提前通知会议的相关事项。民办非企业单位的理事会会议，应于会议召开 10 日前将会议的时间、地点、内容等一并通知全体理事；基金会的理事会会议，理事长或召集人应提前 5 日通知全体理事、监事。

二、非营利组织的内部监督机制

非营利组织的监督机制包括外部监督机制和内部监督机制。外部监督机制是指政府、捐赠人、服务对象、公众等对非营利组织的监督。内部监督机制是指非营利组织通过内部的机构设置、规章制度的安排对组织的内部人所形成的约束与监督。

由于非营利组织是第三方付费机制，其服务质量和服务效果不能直接传导给付费方，存在着信息不对称问题，执行机构负责人掌握着组织的实际控制权，并可以通过规避权力机构和决策机构的控制来谋求自身利益。在这种情况下，非营利组织建立完善的内部监督机制就十分必要，它是保障其他机制健康运转的制约性机制。

非营利组织中专门承担内部监督职能的机构是监事会。监事会可以对理事、执行人员的行为进行有效监督，确保管理运作合法性和财务合法性。

（一）监事会的产生机制

1. 监事会的构成

非营利组织必须设立至少一名监事。根据具体情况和需要，非营利组织可在章程中自行设定监事人数。监事人数在三人以上的，应当设立监事会。监事会设监事长一名，由监事会选举产生。人数较少的民办非企业单位可不设监事会，但必须设 1~2 名监事。

2. 监事的选择

监事的产生应当依据非营利组织章程的规定。不同类型非营利组织根据不同的程序和方式产生监事：社会团体的监事由会员大会（或会员代表大会）选举产生；基金会的监事分别由捐赠人、业务主管单位和登记管理机关负责选派；民办非企业单位的监事由举办者选派，或者从本单位从业人员及有关单位推荐的人员中产生。

非营利组织的负责人、理事、常务理事和财务负责人不得同时兼任监事。监事的任期与理事的任期相同，期满可以连任。监事根据选派方式的不同，其罢免或者变更也依照其选派方式进行。

监事应该对公益事业有较高的认同感，愿意为公益事业奉献，还要具备一定的专业水准，对项目运作和财务管理要较为熟悉。

（二）监事会的权力和义务

监事在非营利组织中承担监督职能，根据其产生方式的不同，向选派单位或推荐单位报告工作。

1. 监事的权力

监事的权力主要包括：①监事可以列席理事会会议，可以对理事会决议的事项提出质询。②监事可以监督理事会遵守法律、章程的情况。③监事可以检查本单位的财务和会计资料，对本单位的财务状况进行监督。④当决策和执行机构的行为损害非营利组织利益时，监事有权要求予以纠正，并向登记管理机关、业务主管单位以及税务、会计主管部门反映情况。

2. 监事的义务

监事的义务主要包括：①监事应当遵守组织章程，忠实勤勉履行职责，维护组织和成员的合法权益。②监事及其近亲属不得利用职权谋取私利、收受贿赂或者其他非法收入。③监事不得从非营利组织获取任何报酬。

（三）监事会的会议制度

设监事会的非营利组织，其监事会每年至少要召开两次会议。监事会会议由监事长负责召集和主持，监事长因特殊原因不能履行职务时，可委托其他监事召集和主持。经监事会 1/2 以上监事提议，必须召开监事会会议。监事列席的理事会会议涉及重大事项的，且明显与国家法律法规和相关政策不符的，应提议召开监事会。监事会会议须有 2/3 以上监事出席方能召开。监事会会议实行一人一票制度。监事会决议须经出席监事过半数通过，方为有效。

召开监事会会议，监事长或召集人应提前5日通知全体监事。监事依法履行职责时，非营利组织的负责人应当支持和配合，不得干预和阻挠。

三、非营利组织的内部激励机制

任何一个组织要实现可持续发展，都需要形成组织的凝聚力，这就要完善对员工的激励机制。人是物质力量和精神力量的统一体，既有物质需求也有精神需求。对员工的激励机制，既包括了物质激励，也包括了精神激励。任何组织的激励方式都不是单一的物质激励或精神激励，而是将物质激励和精神激励结合起来。

非营利组织的内部激励机制，是指组织以一定的方式激励组织成员工作积极性的机制。内部激励机制，解决的是非营利组织执行机构的工作动力问题，避免员工出现消极怠工、机会主义等道德风险问题。非营利组织的物质激励形式比企业要少一些，它没有股权激励和期权激励。精神激励是非营利组织的特色，也是应当重点使用的激励机制。非营利组织的激励机制要结合目标制定，遵从民主公正原则和奖罚适度原则。

非营利组织的激励机制可以分为硬性激励和软性激励两种。硬性激励是非营利组织根据员工的绩效表现，通过有明确奖惩规定的方式来促使员工选择组织所希望行为的激励方式，包括薪酬激励、竞争激励等。软性激励是非营利组织根据员工的工作状态，通过促进心理变化的方式促进员工选择组织所希望行为的激励方式，包括使命激励、组织文化激励等。

（一）使命激励

非营利组织不以营利为目的，一般都具有明确的使命，它们为了实现社会公益目标，更强调对社会公众和弱势群体的无私奉献，比如推动科学传播、维护社区安全、促进公众参与、保护妇女权益、弘扬社会正气等。正是因为这种特殊的使命，可以吸引捐赠者的无偿捐赠和志愿者的积极参与。员工参与非营利组织的工作，不仅仅是为了赚钱和生存，很大程度上是接受和认可非营利组织的使命，他们对社会有崇高的使命感和责任感。

非营利组织对员工的激励中，要明确向员工表达组织的使命是什么，并在此后定期向员工重复这一使命，使员工成为这一使命的忠实履行者。

（二）组织文化激励

组织文化是组织全体成员共同接受的价值观念、行为准则、团队意识、工作作风和团体归属感等群体意识的总称。非营利组织不同于一般的组织，如果非营利组织没有先进的组织文化理念，就会失去其基本的道德伦理和灵魂根基。“人性化”的组织文化更容易激励员工积极工作，对员工形成巨大的感召力和凝聚力，使员工能够心甘情愿地为组织工作。形成服务于社会公益事业所需要的独特组织文化，已经成为非营利组织最重要的核心竞争力之一。

很多非营利组织以扶贫济困、助老、助学、助医等为主要业务，这种工作本身是很有价值和意义的。而且，对服务对象秉承奉献、友爱和互助的精神，这很容易受到社会的广泛认可和支持。非营利组织的组织文化具有民主、平等、宽容、透明的特点，组织内部的层级较少、成员之间互动较多、人际关系比较和谐。在这样的组织中工作，能够使员工在内心深处产生极大的使命感、荣誉感和成就感。员工能够以积极和主动的心态进行工作，大家共同为了公益事业而努力，而不是为了得到权力和金钱。

（三）薪酬激励

非营利组织的员工和其他单位的员工一样，也需要通过薪酬机制激励其工作的积极性。在很多情况下，非营利组织员工除了在本机构的工作报酬以外，并没有其他任何收入，工资报酬的高低，直接影响到员工的生活水平和职业选择。

薪酬激励主要包括工资、奖金、各种津贴和福利。其中，工资是报酬中相对稳定的部分，奖金是根据其绩效而上下浮动的，非营利组织应发挥这两部分报酬的作用。固定报酬的标准要适度，过高不利于调动员工的工作积极性，过低则不能保障员工的基本生活。薪酬要公平合理，能够反映出员工的知识背景、技术复杂程度、劳动强度和工作条件，做到同工同酬、不同工不同酬。当员工的工作卓有成效、为组织做出了突出贡献时，应以提高固定报酬的形式付给员工报酬。

在实践中，非营利组织不能过分强调薪酬激励的重要性，金钱的边际效用是遵从递减规律的，必须与精神激励相结合使用才可以。

（四）竞争激励

竞争激励将优胜劣汰原则引进非营利组织，使其活动具有某种集体强化的自觉机制。人都有好胜心，都想在工作中维护自己的尊严。竞争激励是利用员工的这种心理，对员工进行引导，转化为开展良性竞争的持续动力。

竞争激励不是自上而下施加的，而是同事之间相互的强化激励；竞争激励不是外部诱因的刺激，而是内心追求的结果。竞争可以满足员工实现自尊、成就自我的期望，也能调动员工的工作积极性和主动性。员工在竞争的状态中，往往能够集中注意力、激发想象力和创造力。员工愿意通过不断的学习和参加培训来提高自我，努力使自己在竞争中占据有利地位，这在客观上将提高工作的效率。

非营利组织的竞争激励要注意几个问题：①要确保有正确的导向机制，防止竞争目标的偏离和恶性竞争的出现。②要坚持公平竞争，给所有竞争者提供相同的竞争条件和统一的标准。③要对竞争优胜者给予奖励，对竞争的结果要及时进行反馈，如果对竞争优胜者没有任何奖励，员工就不会持续地参与竞争。

非营利组织的竞争激励有多种方式，比如：实行岗位竞聘制度、榜样激励、末尾淘汰制度、团队竞赛等。

关键术语

治理　治理理论　内部治理　内部治理结构　所有者缺位　三权分离
委托-代理关系　内部人控制　权力机构　决策机构　执行机构　监督机构

内部决策机制　内部监督机制　内部激励机制　会员大会　会员代表大会　理事会　理事　监事会　监事　使命激励

复习思考题

1. 非营利组织的治理包括哪两层含义？
2. 非营利组织内部治理的作用包括哪些？
3. 非营利组织内部治理具有哪些特点？
4. 我国非营利组织内部治理存在的问题有哪些？
5. 非营利组织的内部治理结构包括哪些？
6. 社会团体的会员大会如何进行运作？
7. 非营利组织的理事会具有哪些职责？
8. 非营利组织的内部激励机制主要包括哪些方面？

第六章　非营利组织的人力资源管理

【本章提要】

本章介绍非营利组织的人力资源管理，共分为四节内容：第一节是非营利组织人力资源管理的概念和理论，主要介绍非营利组织人力资源管理的概念以及人力资本理论、需求层次理论、激励-保健理论、目标理论。第二节是非营利组织人力资源的构成及其特点，主要介绍非营利组织的理事、全职员工、志愿者以及非营利组织人力资源管理的特点。第三节是非营利组织全职员工的管理，主要介绍人力资源规划、工作分析、员工招聘、录用、员工培训、薪酬和福利支付、员工激励、员工绩效评价、员工离职管理以及如何留住人才。第四节是非营利组织志愿者的管理，主要介绍志愿工作规划、志愿者招募、志愿者培训、志愿者督导和记录、志愿者物质保障和安全保障、志愿者绩效评估和激励。

人对非营利组织的发展至关重要，影响到一个组织运作的成败，非营利组织的成功运作离不开其成员的努力和协作。任何一个非营利组织都应该意识到，优秀的服务质量是一个机构存续的保障，而服务质量的保障来自于优秀的人才队伍。因此，人才是一个机构的核心竞争力。

对人的管理是一切管理的核心。非营利组织发展到一定阶段，必须对人力资源进行规范化、系统化管理。完善的人力资源管理，可以使非营利组织吸引优秀人才加入，促使组织实现可持续发展。但是，我国非营利组织受制于现阶段的发展水平，存在着人才短缺、工资待遇不高、人员流失严重等问题。

非营利组织人力资源的构成是多元化的，主要包括理事、全职员工和志愿者。其人力资源管理也应围绕这三类人开展，但对理事的管理更多是内部治理的问题。因此，本章的人力资源管理内容主要涉及全职员工管理和志愿者管理。

第一节　非营利组织人力资源管理的概念和理论

一、非营利组织人力资源管理的概念

（一）非营利组织人力资源的概念

人力资源（Human Resources），是指能够推动整个国民经济和社会发展的劳动者的能力，即处在劳动年龄的已经直接投入建设和尚未投入建设的人口的能力。

人力资源的最基本方面包括体力和智力。从现实的应用状态来看，人力资源包括体质、智力、知识和技能四个方面。① 人力资源是生产力诸多因素中最积极、最活跃，起决定作用的因素，是经济和社会发展的最重要资源。人力资源具有能动性、再生性、增值性和时效性。人力资源包括现实的人力资源和后备人力资源两部分。

非营利组织人力资源是人力资源的重要组成部分，是指非营利组织内部能够运用自身的智力、体力、知识和技能推动组织发展的人员的总和。

（二）非营利组织人力资源管理的概念

人力资源管理（Human Resources Management），是以实现组织目标为宗旨的人力资源规划、开发、管理的系统。有效的人力资源管理能够提升组织管理水平，更好地实现组织的使命和宗旨。人力资源管理是现代组织发展的一种战略，人力资源部门处于战略执行甚至是战略决策的核心

① 张德．人力资源开发与管理［M］．北京：清华大学出版社，2007.

位置。

“人力资源管理”不同于传统的“人事管理”。“人事管理”之所以会上升到“人力资源管理”，是基于人力资源的重要性而言的。“人事管理”一般是指组织的“事务性”工作，比如管理工资或档案，是比较初级的、简单的管理。“人力资源管理”是具有战略性、系统性、整体性的管理，把人力当成资本，把人力资源开发放到首位，把人力资源提高到组织战略高度来对待，人力资源主管参与组织的战略决策。

非营利组织人力资源管理，是指为了实现组织的宗旨和使命，利用现代人力资源管理理论，通过规划、招聘、甄选、培训、薪酬、考核等环节对非营利组织人力资源进行有效运用，并对各种人力资源进行整合、调控和开发，满足非营利组织当前及未来发展需要。

二、非营利组织人力资源管理的理论

非营利组织人力资源管理的相关理论主要有人力资本理论、需求层次理论、激励-保健理论、目标理论等。

（一）人力资本理论

“人力资本理论”（Human Capital Theory）的奠基人是美国经济学家西奥多·舒尔茨（Thodore W. Schults），他将人力资本投资划分为医疗和营养费用、入学教育费用、在职培训费用等多个方面内容。他认为，“人力资本”一经投资，就会给劳动者的能力和素质产生长久的影响和显著的提升，进而还会对经济增长产生刺激作用。并且，随着时代的进步和发展，这种作用的显性效果也是愈发明显。

（二）需求层次理论

“需求层次理论”（Demand Level Theory）是由美国心理学家亚伯拉罕·哈罗德·马斯洛（Abraham Harold Maslow）在其1943年出版的著作《人类激励理论》（A Theory of Human Motivation）中提出的。需求层次理论认为，每个人都有五个层次的需要：第一层次是生理需求，包括维持生活所必需的各种物质的需要，如衣食住行等。第二层次是安全需求，比如生活有保障、不会失业，没有威胁人身安全的因素等。第三层次是感情和归属上的需求，比如社交需求，爱、交往和友谊等。第四层次是尊重需求，比如需要被尊敬，对地位和名誉的需求等。第五层次是自我实现需求，比如尽量发挥自己的能力，使生活有意义、有价值。

这一理论的启示是，管理者在实际管理过程中，必须要考虑如何更好地从心理上去满足员工的高层次需要，从文化上对员工加以调控和引导，使他们能够在安全感、情感归属、受尊敬、自我实现等方面，都能有很大的发展空间。

（三）激励-保健理论

“激励-保健理论”（Motivator-Hygiene Theory）是由美国心理学家弗雷德里克·赫茨伯格（Frederick Herzberg）在其1959年出版的著作《工作的激励因素》中提出的，也被称为“双因素理论”（Two Factor Theory）。

“激励-保健”理论认为，激发人的动机的因素有两类：一类是保健因素，是指组织政策与行政管理、工资、人际关系及工作条件等。这些因素并没有激励人的作用，但是起着维持工作现状的作用，缺乏这些因素将导致不满情绪。另一类是激励因素，是指成就、认可、责任感、发展和提升等。这些因素有助于提高工作效率，有激励人们进取、产生满意情绪的作用，但缺乏这些因素并不会导致不满意情绪。关于激励因素和保健因素的相互关系，赫茨伯格认为，满意的对立面是没有满意，不满意的对立面是没有不满意。保健和激励因素对于调动人的积极性都起作用，只是影响程度不同而已。

（四）目标理论

美国心理学家埃德温·洛克（Edwin A. Locke）于1968年提出了目标设置理论（Goal-Setting Theory），简称目标理论。洛克经过实验发现，从激励的效果来看，有目标的任务好于没有目标的任务；目标具体的任务好于目标抽象的任务；目标有一定难度的任务好于没有难度的任务。因此，设置合适的目标是激发动机的重要过程，设置具体的、难度较大而为员工所接受的目标，产生的激励作用最大。

目标理论是指为员工设定恰当而有挑战性的目标，能够产生较强的激励作用。为了让员工接受具有一定难度的工作目标，就要让员工参与目标的制定、控制、评估、考核的全部工作。目标管理法有四个必备要素：明确目标、参与决策、规定期限、反馈绩效。

第二节　非营利组织人力资源的构成及其特点

一、非营利组织人力资源的构成

非营利组织人力资源主要包括理事、全职员工和志愿者。非营利组织的人力资源构成受其发展阶段和组织性质影响较大。非营利组织在发展的早期阶段，其人力资源的构成大部分是志愿者；在发展到比较成熟的阶段后，才开始有一些全职员工。

（一）理事

1. 理事的定位

非营利组织的理事会由理事组成，在企业中相对应的是董事。理事会是非营利组织的决策机构，负责决定组织战略、决定组织重大事项、监督组织运行管理，决定行政及财务负责人的任免。理事一般是由创始人、发起人、专家学者、员工代表、受益人代表等担任。由于理事不拿报酬，具有志愿性，也可视为一种特殊的志愿者。

2. 理事的分类

依据来源不同，非营利组织的理事可以分为两类：

（1）内部理事。内部理事是由组织的全职员工担任的，他们从组织领取薪酬，但是此薪酬并不是因其担任理事而给予的。

（2）外部理事。外部理事是由组织以外的人士担任的，他们不从组织领取薪酬。

（二）全职员工

1. 全职员工的定位

随着非营利组织规模的扩大，很多机构不再单纯依赖志愿者，而是招聘了全职员工。非营利组织的全职员工，是指与组织签订劳动合同、从事日常工作并领取固定薪酬的员工。非营利组织的内部管理往往是扁平化的，管理层级较少，上下级之间的沟通比较频繁。

2. 全职员工的分类

依据不同的标准，全职员工可以有不同的分类方式。

（1）依据层级的不同，全职员工可以分为以下两类：①管理者。管理者负责内部管理和项目管理，同时进行外部联络工作。②普通员工。普通员工在管理者的指导下，具体推进相关的项目或行政工作。

（2）依据业务内容的不同，全职员工可以分为以下四类：①筹款人员。即负责筹款工作的员工，非营利组织通常会设立筹款专员或筹款部门。②一线项目人员。非营利组织的工作通常采取项目制方式运作，一线项目人员是面向服务对象提供服务的员工，比如专业社工、心理咨询师等。③品牌传播人员。负责机构的品牌、传播、新媒体的工作。④人事行政人员。他们是为组织正常运作提供服务的员工，比如办公室、人力资源部、财务部等部门的员工。

（三）志愿者

1. 志愿者的定位

非营利组织中的一类人力资源是志愿者，甚至有些组织的全部成员都是志愿者，这类组织也可以称为志愿者组织。当然，也有些专业性较强或对工作质量要求较高的非营利组织没有志愿者，也不会招募志愿者。

志愿者是指基于良知、信念和责任，不以获取物质报酬为目的，在业余时间自愿为社会和他人提供帮助和服务的人。志愿精神的产生是基于个人对人类社会的积极认识、对社会发展的积极价值取向，是一种积极的人生观。志愿者已经深入到社会的各个角落，在助老、助残、助学、交通、平安、大型赛会、应急救援、文明劝导、医疗卫生、环境保护等领域发挥了重要作用。

与全职人员相比，志愿者具有业余性、自愿性、无偿性、短期性等特征。志愿者参与志愿服务的动机主要是：①奉献爱心，为社会做点有益的事情，实现自己的人生价值和理想。②接触社会实践，探索和体验新鲜事物，学习新知识，获得工作乐趣。③结实新朋友，扩大交际范围。④锻炼提高自己的综合素质与能力，为今后从事正式工作打下基础。

志愿者是非营利组织的宝贵资源，他们不仅具有人数上的优势，还能弥补非营利组织在知识储备、专业服务和社会关系网络等方面的不足。志愿者具有使用上的灵活性，有利于非营利组织降低人力成本和节约资金。但是，由于志愿者参与组织活动的时间不是固定的，平时还要以本职工作为主，会导致志愿者的人员流动大，具有不稳定的特点。

在行业协会、基金会、学会等专业性组织中，全职人员比例较高，志愿者较少。在一些从事慈善救助、志愿帮扶工作的组织中，志愿者所占的比例较高。

2. 志愿者的分类

志愿者的构成和来源是非常多样化的，也有很多种分类方式。

(1) 依据工作内容不同，志愿者可以分为两类：①活动志愿者。因参与非营利组织的某个活动而被招募为志愿者，随活动的结束而终止志愿服务。②机构志愿者。这类志愿者参与到机构的日常事务处理中，比如会议记录、文件档案管理、方案策划等，这类志愿者的服务时间较长，对机构事务的介入较深。

(2) 依据人员背景不同，志愿者可以分为三类：①普通志愿者。在一般的志愿服务领域，提供服务不需要具备专业知识，通过简单培训即可开展服务，比如帮助老人擦玻璃、打扫卫生等。②专业志愿者。某些专项服务往往需要专业的志愿者，比如请心理咨询师、律师等提供志愿服务。

③专家志愿者。在涉及研究性项目、开展调研、撰写报告和需要提供专业指导时，往往需要资深人士作为专家志愿者。

（3）依据加入形式不同，志愿者可以分为两类：①个人志愿者。以个人形式报名参加志愿者。②团体志愿者。以团体形式报名参加志愿者，比如以医院、高校社团的名义报名加入。

二、非营利组织人力资源管理的特点

人力资源管理要做的是选人、用人、育人、留人，即吸引选拔人才、合理使用人才、培养开发人才、充分留住人才，充分发挥人的主观能动性，为组织的持续健康发展提供保障。

企业人力资源管理的产生早于非营利组织人力资源管理，非营利组织在很大程度上借鉴了企业人力资源管理的经验。非营利组织人力资源管理和企业人力资源管理在主要方面没有区别，比如招聘、面试、签订劳动合同、劳动保护、劳动安全、休息时间等方面的规范化要求，非营利组织同样要遵守《劳动法》《劳动合同法》《社会保险法》《劳动合同法实施条例》《劳动争议调解仲裁法》《职工带薪年休假条例》《企业职工带薪年休假实施办法》等法律法规的规定。但是，受非营利组织的非营利性的影响，以及人力资源中存在大量的志愿者，非营利组织的人力资源管理也有其特殊性。

（一）管理中更重视理念和价值观

非营利组织本身具有非营利性，要求员工具有基本的社会使命感和价值认同。非营利组织区别于企业和政府的关键特征，在于其员工所特有的“志愿精神”。因此，在对员工的培训中，要侧重于使命感、责任感和道德素质的同步推进。在对员工的激励中，目标激励、文化建设和柔性管理显得尤为重要。正因为如此，非营利组织创始人和管理者的行为要符合非营利性以及本组织的宗旨使命，否则就会使员工产生失望感，并且离开该机构。

（二）关注员工个人能力的发展

在非营利组织人力资源管理过程中，更关注员工的能力发展，挖掘每个人的最大潜力，为员工提供持续学习和成长的环境，使员工能够实现自己的人生价值。

（三）定性方法为主的绩效评价标准

非营利组织的模式是在筹款之后把资金用于受益人或公益活动，没有企业中的商品销售量化指标，不能根据筹款多少或盈余多少来衡量工作绩效。因此，非营利组织产出的非量化特征，要求它们在绩效评价中注重定性方法，将价值观融入到考核标准中去。

（四）人力资源部门规模较小

非营利组织的规模普遍较小，专职员工人数在十人左右的居多，比较大的非营利组织的人数有几十人，人数超过 100 人的非营利组织很少。因此，非营利组织按其规模来说只相当于小微企业。非营利组织人力资源部门的设置比较简单，往往是和办公室一体的，一般只有 1~2 个专员，负责户口、档案、保险和招聘工作。

第三节　非营利组织全职员工的管理

非营利组织全职员工管理是一项复杂的系统工程，主要包括人力资源规划、工作分析、员工招聘、签订劳动合同、员工培训、薪酬和福利支付、员工激励、绩效评价、离职管理等环节。

一、人力资源规划

人力资源规划，是整个人力资源管理工作的开端。人力资源规划是指组织根据战略发展目标和任务要求、内外部环境的变化，科学地预测组织未来的人力资源供给和需求状况，制定必要的政策与措施，确保机构在需要的岗位上获得需要的员工的过程。从时间幅度来看，非营利组织的人力资源规划包括长期规划、中期规划和短期规划。

（一）人力资源规划的作用

人力资源规划贯穿于机构发展的全过程，通常是每月通过反馈、评估，对人力资源规划进行调整。通过人力资源规划，非营利组织可以制定人力资源获得、使用、保持和发展的策略，使人力资源在数量和质量上都有所提高，保障组织的长远发展。人力资源的规划要与组织的总体规模一致，取决于组织环境的确定性、稳定性和对人力资源素质的要求。

（二）人力资源规划的影响因素

影响人力资源规划的信息包括组织外部环境信息和组织内部环境信息。组织外部环境信息包括政府、社区、法律、技术、竞争者、劳动力市场供求关系等；组织内部环境信息包括组织发展速度和规模、组织扩张情况、员工的流动情况、员工的工作绩效、员工的培训情况等。

（三）人力资源规划的程序

人力资源规划的程序包括：收集有关信息资料、人力资源需求预测、人力资源供给预测、确定人力资源净需求、编制人力资源规划、实施人力资源规划、人力资源规划评估、人力资源规划的反馈与修正。

1. 人力资源需求预测

人力资源需求预测是根据组织的战略目标，预测在某一时间内组织所需要人员的数量、质量和结构。人力资源需求预测的方法包括定性预测方法和定量预测方法两种。定性预测方法主要有经验预测法和德尔菲法；定量预测方法主要有劳动定额法、比率分析法、回归分析法等。

要做好需求预测，就要了解整个机构的组织架构，比如项目部、财务部、外联部等部门。然后需要了解的是：在这些部门中，各岗位是否配备齐全；现有人员是否因为人手不足而出现超负荷工作；是否存在质量或效率低下的人员；是否达到了资助方对人员数量和质量的要求；按照目前的发展规划和态势，将来是否会出现人员短缺。在了解这些问题之后，人力资源部门就有了明确的目标。

2. 人力资源供给预测

人力资源供给预测是指为了满足组织在未来一段时间内的人力资源需求，对组织从其内部和外部可以获得的人力资源的数量和质量进行预测。组织内部供给预测的方法主要有人员核查法、管理人员接替模型、马尔科夫预测法等。组织外部供给预测的方法主要有查阅统计信息、直接调查相关信息等。

非营利组织在成立初期，组织架构简单，部门设置、岗位数量都较少。在进行人力资源规划时，要考虑随着组织发展规模扩大，是否需要增设新的部门；在现有职能部门不变的情况下，是否需要增设岗位来完成部门工作职责；现有部门因为组织整体发展是否需要合并，等等。

二、工作分析

（一）工作分析的概念

工作分析是收集信息的系统工程，这些信息能够确定和判断机构成员开展工作所必需的知识、技能和其他能力。工作分析的过程主要是调研完成工作的要求、周期和范围，并着眼于工作本身的特点，主要是分析工作人员做何事以及如果做。工作分析的直接结果是职位说明书。

非营利组织在某些情况下需要做工作分析，比如创立初期、部门内存在工作交叉、进行绩效考核、成立新的部门、有新的工作流程、需要建立新的薪酬体系的时候。

（二）工作分析的流程

工作分析的流程是：

（1）收集与工作有关的背景资料。这些资料包括单位及部门组织图、各部门职能、工作流程图及现有的职位说明书。

（2）选择并确定需要分析的职位名称。同一个职位的多个岗位（担任相同职务的多个人）使用同一份职位说明书。

（3）收集工作分析的信息。

(4) 汇总所有收集到的信息。

(5) 同分析对象共同审查所收集到的工作信息。核对工作有助于确定工作分析所获得的信息是否正确、完整，同时也有助于工作分析人员理解这些信息。

(6) 撰写职位说明书。

(三) 工作分析的方法

工作分析的方法主要包括：

1. 调查问卷法

由实际承担工作人员的主管填写，工作分析小组人员进行总结分析，其优势是可以在较短时间内收集到大量信息。

2. 工作日志法

由任职人员自己记录下每天活动的内容，可作为工作分析的重要参考。

3. 关键事件法

收集尽可能多的关键事件，对关键事件进行归类，在工作分析时作为参考。

4. 观察法

分析人员通过实地的观察或亲身经历的方式获得第一手资料，使信息更加准确。其缺点是耗时较长，所获得的信息不够全面。

5. 面谈法

分析人员在得到书面信息之后，通过面谈或电话的方式进行确认。

(四) 职位说明书的内容和作用

工作分析的结果是形成一份职位说明书，也被称为岗位说明书、岗位规范。职位说明书是对组织中某一特定职务的目的、职责、权利、上下级关系、工作条件、任职资格等相关信息进行收集和分析，做出明确规定，确认完成工作所需要的资格的文件。

职位说明书包括工作描述和任职资格说明两个文件。工作描述和任职资格说明能描述什么岗位需要什么能力的人，是有效招聘的前提和依据。工作描述的内容包括职位信息、工作活动内容、工作环境、考核标准等；任职资格说明的内容包括一般要求、生理要求、心理要求等。

职位说明书的作用很大，非营利组织的培训、绩效评价、薪酬制度的决策都与职位说明书密切相关。职位说明书的内容包含大量的工作活动信息，这些信息主要由人力资源部门工作人员、工作任职者、工作任职者的上级主管负责收集和整理。

三、员工招聘

非营利组织在有员工离职、退休、短期休假、业务量扩大、现有员工不合适等情况发生时，都会产生岗位空缺，就有招聘的需求。对员工招聘工作的要求是，按照既定的需求人数、专业背景、薪酬标准来配备足够的人员，同时保证人力资源的形成过程合乎规范，为组织输入新生力量。

（一）招聘的原则

非营利组织普遍缺乏专业人才，招聘压力较大，在招聘中应遵循以下原则：

1. 规范有序

招聘是一个机构将符合要求的人招募进来的过程。招聘工作本身也是面向社会展示机构实力的过程，不专业的招聘工作将有损机构的形象。

2. 宁缺毋滥、严格把关

非营利组织在招募中经常出现“招进的人不合适、合适的人招不进”的问题。如果招入了一名不符合要求的员工，虽然在短时间内弥补了空缺，但是此后因为能力不匹配而产生的管理成本，以及离职后的重新招聘的成本是很高的。

3. 要找最合适的人，而不是最好的人

最优秀的人不一定适合组织，而且很难长期留下来，因此，找符合条件的人就可以。

（二）招聘的途径

非营利组织要建立多元化的招聘途径，这些途径主要包括：

1. 媒体平台发布招聘广告

通过报纸、杂志、广播电视、互联网、自媒体等渠道向社会公开招聘。其中，互联网和自媒体的传播速度快、查询方便，是非营利组织使用最多的方式，很多机构在自己网站上设置了招聘版块。

2. 熟人推荐

这种招聘方式的优点是对候选人的情况比较了解，而且其信息更加真实可靠。

3. 人才招聘会

非营利组织可以参加高校毕业生招聘会，到有社会工作、非营利组织管理等专业（或方向）的高校举办专场招聘会，重点从参与过志愿活动的毕业生中挑选。

4. 建立与高校的对接关系

与高校的相关院系合作，成为高校的毕业生实习基地，或采取定向培养方式储备人才。

5. 组织内部招聘

从组织内部寻找合适人选，这种方式可以节省招聘成本和时间，能够提高员工的积极性。

（三）甄选的标准

非营利组织要招聘到合适的员工，就要具备准确的工作岗位信息，并对岗位信息进行分析。这就要求人力资源部门掌握各岗位的工作职责、条件要求，从而便于开展甄选工作。非营利组织对应聘人员的甄选标准需考虑两个方面：

1. 专业能力的标准

非营利组织作为专业服务机构，要求其工作人员具备一定的专业能力，这主要通过所学专业、工作经历、所持证书和专业考核来了解。

2. 价值观的标准

非营利组织的招聘，除了强调员工的专业技能以外，应注重考查员工的道德素质、奉献精神、与组织文化的契合度以及团队合作意识。培养人不如招对人，非营利组织只有先招对人，培养才有更大的价值。非营利组织员工流失的很大一部分原因，在于招聘阶段的筛选错误，员工不能适应组织文化。因此，非营利组织在招聘阶段就要挑选与本组织文化相一致的员工。

（四）招聘的流程

招聘是由一系列环节组成的，要确定招聘计划，然后发布招聘信息，对应聘人员进行笔试和面试，最后发出录取通知书。

1. 制定招聘计划

在各部门向人力资源部门提交人员招聘需求后，人力资源部门要审核这一需求是否真实、是否超出现有的员额标准，如属新岗位是否有职位说明书等，再决定是否开始招聘工作。在进行招聘时，要明确哪个岗位需要人、需要几个人、应当具备什么条件、招聘对象来源、招聘信息传播方式、招聘截止时间、面试地点和考官、招聘经费预算等，根据这些方面制定招聘计划。

2. 撰写和发布招聘信息

招聘广告要能够引起求职者的注意和兴趣，有方便求职者申请的内容。在招聘信息中，要让求职者尽可能了解组织的文化、理念、组织目标等，让求职者对非营利组织有更多的了解。而且，招聘信息要写明该岗位的薪酬情况。然后，通过招聘网站（如智联招聘、中华英才网）、平面媒体、微信公众号等渠道发布招聘信息，让潜在候选人了解岗位需求、岗位条件和报名方式等信息。

3. 接收简历和初筛

在规定的时间内，接收应聘者提交的简历。提交简历的应聘者可能较多，由人力资源部门首先对应聘者提交的简历进行阅读和初步筛选。在阅读简历的过程中，根据年龄、学历、专业背景、居住地、户籍、工作经验、薪酬要求等硬性条件，淘汰掉那些不合格的应聘者，符合条件的应聘者进入下一选拔环节。通过严格的筛选，控制人事管理风险。

4. 笔试

按照岗位要求的不同，对应聘者的专业知识进行笔试考核。在试卷中设置该岗位必备的专业知识试题，在填答完毕后，由专业人士负责评分。

5. 面试

对于笔试通过的应聘者，由面试考官与其进行面谈和交流。

（1）面试考官的职责。考官由职能部门主管、人力资源部门主管和机构管理层担任。在面试中，注重考查应聘人员的价值观、工作态度、专业能力、性格特征、与岗位的匹配性等方面，核实简历中的信息是否有不真实或自相矛盾之处。其中，职能部门主管负责考察应聘者的专业能力，人力资源部门主管负责考察应聘者的基本条件，机构管理层负责考察应聘者的价值观。

（2）面试的形式。在形式上，面试分为结构化面试、非结构化面试和半结构化面试。结构化面试是一种比较规范的面试方式，对所有应聘者的提问基本相同，便于对面试者进行比较；非结构化面试没有事先安排的问题，面试官可以根据不同的应聘者提出不同的问题，但是会影响面试的信度和效度；半结构化面试中，一部分是结构化面试，另一部分是非结构化面试，是二者的有机结合。

当前，比较常用的面试方法是无领导小组讨论，给参与面试的几位应聘者一个题目，让他们在不指定角色的情况下进行讨论，面试考官通过一面单向玻璃考察应聘者的表达能力、思维能力和组织能力。

面试是一个双向选择的过程。在面试过程中，面试考官需要将组织的真实发展情况、应聘岗位的工作任务、工作条件、薪酬情况当面告知应聘者，并告知应聘者面试后的下一个步骤。

6. 心理测试

心理测试通过专业的问卷或量表，将人的心理特征数量化，了解应聘者的兴趣、性格、能力等特点。比如，如果是外联或筹款人员，他的思维应该开放活跃，具有较强的社交和沟通能力；如果是会计，他应该有清晰严谨的性格特征。

7. 考察

人力资源部门应与应聘者此前所在工作单位的领导或所就读学校的老师联系，了解应聘者的综合情况，核实其自我描述情况的真伪，并进行全面的判断。通常采取面对面访谈、电话等形式进行考察。

8. 通知

向被录取者和未被录取者发出正式的通知，告知其最终结果。对于被录取者，告知其报到的时间和相关事项。

四、录用

录用包括签订劳动合同、岗前培训、试用期、正式任用等环节。

（一）签订劳动合同

非营利组织和一般用人单位一样，也适用《劳动法》《劳动合同法》，要遵守这些法律的规定。我国《劳动法》第十条规定："建立劳动关系，应当订立书面劳动合同。已建立劳动关系，未同时订立书面劳动合同的，应当自用工之日起一个月内订立书面劳动合同。"《劳动合同法》第八十二条规定："用人单位自用工之日起超过一个月不满一年未与劳动者订立书面劳动合同的，应当向劳动者每月支付二倍的工资。"

非营利组织可以使用当地劳动监管部门推荐的劳动合同格式范本，与员工签订书面劳动合同。合同中应列明的内容包括：工作职责、工资报酬、社会保险、劳动合同期限、劳动纪律、劳动合同的终止条件、违反劳动合同的责任等事项。除了以上内容之外，还可以在劳动合同中约定以下内容：试用期、培训、保守商业秘密、补充保险和福利待遇、其他事项。

劳动者在同一用人单位连续工作满十年以上，当事人双方同意延续劳动合同的，如果劳动者提出订立无固定期限的劳动合同，应当订立无固定期限的劳动合同。

有些非营利组织使用长期志愿者，如果某“志愿者”长期在该非营利组织中从事相对固定的工作，以该机构的收入为主要收入来源，在法律上，该“志愿者”和该机构的关系会被认定为事实劳动关系。对于此类“志愿者”，非营利组织应与其签订劳动合同。

（二）岗前培训

对新入职员工进行岗前培训，培训的内容和形式可根据组织实际情况确定。培训直接关系到员工上岗后对工作的适应性及其表现。

（三）试用期

试用期是员工开始工作的最初一段时期，通过实际工作确认彼此是否合适。我国《劳动法》第十九条规定：“劳动合同期限三个月以上不满一年的，试用期不得超过一个月；劳动合同期限一年以上不满三年的，试用期不得超过二个月；三年以上固定期限和无固定期限的劳动合同，试用期不得超过六个月。”

（四）转正

试用期结束后，通过一定形式通知员工被正式任用，即予以转正。

五、员工培训

培训是非营利组织有计划地组织员工进行学习和训练，以提高员工知识技能、改善员工工作态度、形成积极向上文化，使员工能够胜任本职工作的管理活动。

（一）员工培训的必要性

我国非营利组织还处于发展的初级阶段，在工作中还有很多不成熟、不专业的地方。比如，在社会工作领域中，各大院校培养的社工毕业生只有小部分进入了社工行业，与此同时，大量的社工从业人员不具备社工专业知识。即使是科班出身，这些员工此前所学的知识也是以理论为主，与工作实践存在着一定的距离，需要在工作中不断加强实务学习。

培训能够最大限度地发挥人力资源的能力，满足人才自我提升的需求，提高工作效率和专业化水平，强化组织宗旨和塑造组织文化。培训的工作流程包括：培训需求评估、确定培训目标、培训方案设计、实施培训活动、培训效果评价。在确定培训方案时，要综合考虑员工培训意向、员工能力水平、培训预算、领导支持、技术水平要求等，这样才能制定出科学有效的培训方案。

（二）员工培训的内容

非营利组织的员工需要多方面的培训，可以通过问卷调查、访谈法、观察法等方法调查培训需求。当前，非营利组织培训的内容主要包括以下方面：

1. 政策规范培训

对非营利组织相关的政策法规、制度规范进行讲解，使员工了解工作中应当遵守的相关规定。

2. 专业技能培训

对于新入职的员工，原有的知识结构可能不能完全适应新岗位的需要，现有员工也需要不断提升知识储备。在专业技能培训中，侧重于介绍与工作相关的业务、工作技术等知识内容。目前，非营利组织行业中的业务知识培训大多可以免费报名参加，培训涉及非营利组织运作管理、项目管理、财务管理、服务开展等具体内容。

3. 组织文化培训

向员工讲解组织文化的内涵、理念，使员工的价值观与组织文化保持一致，这样可以促进组织凝聚力的提升，使员工更加团结一致地开展工作。同时，在其他主题的培训中，也要注重灌输组织文化的内容。

4. 心理素质培训

由于面临筹款压力和项目执行压力，非营利组织员工的工作压力普遍较大，这就要求员工有良好的心理素质去开展工作。心理素质培训，主要是改善员工的抗压能力，提高员工在工作中的士气。

5. 领导力培训

对于非营利组织的中高层管理人员，可以进行组织决策和领导力方面的培训，提高他们的组织能力和管理能力。

在培训中，非营利组织要确定现有的教学材料是否可以使用，确定教学材料是否符合学员的特点和需求。如果缺乏这样的教学材料，非营利组织可以自己开发教学材料，供员工培训学习使用。

（三）员工培训的形式

根据员工参与学习方式的不同，非营利组织的培训可以分为多种形式，主要包括：

1. 新员工的入职培训

对新入职员工开展的导向性培训，可促使他们尽快适应环境、进入角色，让其对组织的发展历程与现状、工作环境、工作条件、工作流程、主要业务等有基本了解，并明确对员工的要求和工作纪律。

2. 在职员工的组织内培训

对入职一段时间的员工，结合岗位特点和需求进行有针对性的在岗培训。这种培训侧重于对专门知识技术和能力的培训，其成本和耗费时间都较低。

3. 在职员工的脱产学习

这是指员工离开工作岗位一段时间，到大学进行专门的业务学习或技术学习的培训方式，通常能获得学位证或毕业证。这种培训方式比较系统和规范，但耗费的时间较长，费用成本较高。

4. 在职员工的外派培训

提倡员工利用工作之外的业余时间，到机构以外参加单一方面的讲座或培训班。

(四) 员工培训的方法

根据不同的培训内容、培训条件和学员情况，可以采取不同的培训方法。非营利组织员工培训的方法主要包括：

1. 讲座式

讲座式主要适用于理论知识和专业知识的培训，以及学员人数较多的情况。对于新入职员工的培训，讲座可以使他们在短时间内了解组织和环境，掌握基本知识和基本技能。讲座的形式比较简便易行、节约时间，但是时间长、容易失去专注力和兴趣，使学员产生疲劳感。

2. 研讨式

研讨式主要适用于策略分析类和有争议的问题，学员共同讨论如何解决问题和制定行动方案。这种方式可以提高员工的参与度，培养员工主动思考的能力，提高员工团队合作的能力，但是耗费时间较长，容易被个别人所左右。

3. 角色扮演式

对于实践性比较强的专业培训，可以采用角色扮演式培训。学员在角色扮演中，能够将工作中的真实场景引入到培训中来，实用性和参与性较强，能促进学员之间的沟通，但是组织和设计工作比较复杂，需要参与者的认真配合。

4. 一对一指导式

邀请有经验的专家或实务工作人员，对员工进行一对一指导，以解决问题为导向，提高培训的针对性和有效性。

(五) 员工培训的评估

培训的最后一步是对培训效果进行评估，让学员填写培训评价表，评价培训是否达到了目标，为以后开展的培训提供改进和优化的借鉴。通过评估，对培训的成本与收益、投入与产出进行比较和鉴定，以确定下一轮培训改进的方向。在评估中，全面了解培训的真实效果，即培训是否能够引发员工工作行为的变化。

六、薪酬和福利支付

(一) 薪酬的概念

薪酬是员工所付出的劳动的货币体现，是对员工向组织提供的劳动及服务的酬劳。狭义的薪酬就是指货币形式的酬劳。广义的薪酬除了货币形式以外，还包括个人价值的实现、工作环境改善、培训机会等。

在非营利组织中，对全职员工给予薪酬，对志愿者按照服务时间和质量给予补贴，除专职岗位外的理事不能领取薪酬。

(二) 薪酬结构

非营利组织的薪酬由工资、奖金和津贴、福利等三部分构成。其中，工资、奖金和津贴是直接以货币形式支付的薪酬。与公司相比，非营利组织的薪酬中没有股权、期权等形式的报酬。

1. 工资

工资是组织根据员工所承担的职责、完成的工作、拥有的工作技能以及资历和能力的情况，向员工支付的稳定性报酬。工资是劳动力的价格，也是员工薪酬的主体部分。

2. 奖金和津贴

奖金是对员工完成或超额完成工作目标的浮动报酬。奖金并不以职务评价为基础，而是以员工的阶段性绩效考核结果为基础。奖金的变动幅度往往较大，主要功能在于肯定员工的努力，激励员工进一步努力工作。

津贴是对员工在特殊劳动条件或工作环境下所付出的额外劳动消耗和生活费用额外支出而给予的适当补偿。

3. 福利

福利是指组织根据国家或地方政府的相关法规或政策而支付给员工的报酬，多以实物或服务的形式支付。非营利组织经常使用的福利类型包括：带薪休假、教育培训、员工餐厅、节日礼品、社会保险、文体旅游、子女托管等。

非营利组织必须按照法律规定为员工缴纳“五险一金”，包括：养老保险、医疗保险、失业保险、工伤保险、生育保险、住房公积金。社保缴存基数是根据实际工资计算的，包括基本工资、加班费、补贴、津贴、奖金等。社会保险费由用人单位和劳动者共同按时足额缴纳。劳动者应缴纳的社会保险费，由用人单位在发放工资时代为扣缴。按照我国法律规定，未按时足额缴纳社会保险费的，由社会保险费征收机构责令限期缴纳或者补足，并自欠缴之日起，按日加收万分之五的滞纳金；逾期仍不缴纳的，由有关行政部门处欠缴数额一倍以上三倍以下的罚款。

（三）薪酬设计需要考虑的因素

非营利组织虽然是非营利性的，但是也不能片面强调精神激励，还是应确保员工基本收入的稳定，否则就不可能留住人才。合理的薪酬是对劳动者价值的尊重，是非营利组织吸引人才的基础条件。只有满足了员工最基本的需求，才谈得上对员工更高层次的激励。

我国很多非营利组织的薪酬待遇低，这与整个社会和捐赠者对公益事业的认知误区有关。在劳动力市场充分流动的情况下，非营利组织薪酬低的状况将使人们失去择业意愿，从而导致整个行业失去竞争力。非营利组织要改变这种状况，可以通过与捐赠者沟通，让他们意识到职业公益人对提高专业化服务的重要性。

非营利组织在制定员工薪酬时，主要考虑四个因素：

1. 环境因素

环境因素主要包括当地劳动力市场的人才供求情况、本地区同类非营利组织的薪酬水平、当地的生活水平、国家的相关法律法规与政策等。

2. 组织因素

组织因素主要包括组织的运营状况、财务状况、项目预算情况等。

3. 岗位因素

岗位因素主要包括岗位职责、专业要求等。

4. 个人因素

个人因素主要包括从业年限、入职年限、管理能力、实务能力、工作态度等。

（四）薪酬设计的原则

非营利组织在薪酬制度设计中，要体现出薪酬制度的公平性、合理性、动态性等方面，发挥薪酬的重要作用。

1. 合理的物质待遇

员工的收入通常采取复合式薪酬，即“固定工资+浮动奖金+福利保障”模式，其中，固定工资是基础工资，浮动奖金按业绩高低给予，福利保障为各类保障措施。固定工资应该占主体，因为首先要确保员工的基本生活条件；浮动奖金占少部分比重，根据员工的表现上下浮动。

2. 发挥薪酬的激励作用

薪酬水平在很大程度上是员工个人价值的直接体现，员工都期望自己的付出能有经济上的回报。如果薪酬标准都一样，员工的热情很难被调动起来，导致多数员工都在吃“大锅饭”，少数有能力的员工可能很快被挖走。非营利组织应实行按劳分配和按贡献分配相结合的模式，对不同级别和类型岗位的员工实行不同的薪酬模式；适当拉开高层管理者和普通职员的薪酬水平，体现出递进式层次的薪酬架构；根据员工贡献大小来确定薪酬，对工作责任大、专业性强的员工给予更高工资，对工作完成质量高、成本节约多的员工给予更多奖金。通过薪酬激励，可以最大限度地调动员工的工作热情，激励员工积极努力工作，让员工从一开始入职时就找准自己的努力方向，提高组织的运行效率和社会效益。

3. 薪酬设计公平性

在薪酬制度设计中，应实现两方面的公平：

（1）体现内部公平性。确保薪酬结构公平，令薪酬能够体现员工的付出，在内部赏罚分明、奖惩适度。

（2）保持外部公平性。在与外部同类机构的员工薪酬相比较时，本机构的员工薪酬能处于相当水平。

4. 实行薪酬动态调整

根据政府政策、机构财务能力、职位评价、通货膨胀水平和同行薪酬情况等因素，在理事会的统筹领导下，动员员工参与决策，实行薪酬动态管理，定期调整薪酬水平，确保薪酬的竞争力。

（五）薪酬设计的流程

非营利组织薪酬设计的流程主要包括以下六个步骤：

1. 岗位分析

通过对组织内部的岗位进行全面分析，掌握各岗位的职责、工作内容和重要性。

2. 岗位评价

岗位评价要系统地测定每个岗位在组织内部工资结构中所占位置。其核心是划分岗位等级，对各个岗位的价值高低进行排序，作为设定工资等级结构的基础。

3. 薪酬调查

通过对业内非营利组织的薪酬调查，可以获取其他组织的薪酬福利数据，包括各职位的最高、最低和平均薪酬的数据，为本组织的薪酬设计提供参考。

4. 薪酬定位

在人力成本允许的情况下，确定本组织的薪酬水平在整个行业内的位置。

5. 薪酬结构设计

在岗位评价和薪酬调查的基础上，制定具体岗位的薪酬结构，包括薪酬水平、薪酬差距、薪酬构成的安排。

6. 薪酬体系的实施和完善

薪酬设计在实施中可能会遇到一些问题，需要对这些问题进行汇总并予以解决。

七、员工激励

组织之间的竞争在很大程度上是人才的竞争，能否留住人才是非营利组织成败的关键。激励制度是非营利组织吸引和留住人才的重要手段，通过适当的激励方式，可以激发员工的潜力和才能发挥，实现组织的战略目标。

（一）员工激励的相关理论

关于激励的理论研究门类众多，一般分为内容型激励理论和过程型激励理论。

1. 内容型激励理论

内容型激励理论主要包括：亚伯拉罕·哈罗德·马斯洛（Abraham Harold Maslow）提出的需求层次理论（Demand Level Theory）、克雷顿·奥尔德弗（Clayton Alderfer）提出的 ERG 理论（ERG Theory）、弗雷德里克·赫茨伯格（Frederick Herzberg）提出的激励-保健理论（Motivator-Hygiene Theory）、戴维·麦克利兰（David C. MClelland）提出的成就需要理论（Achievement Need Theory）。

2. 过程型激励理论

过程型激励理论主要包括：维克托·弗鲁姆（Victor H. Vroom）提出的期望理论（Expectancy Theory）、埃德温·洛克（Edwin A. Locke）提出的目标设置理论（Goal-Setting Theory）、约翰·斯塔希·亚当斯（John Stacey Adams）提出的公平理论（Equity Theory）、弗里茨·海德（Fritz Heider）提出的归因理论（Attribution Theory）。

（二）员工激励的类型

根据不同的划分标准，激励可以分为不同的类型。

1. 物质激励和精神激励

按照激励的内容分类，员工激励可以分为物质激励和精神激励。物质激励是指运用物质手段使员工得到物质上的满足，包括奖金、奖品等；精神激励是指从满足人的精神需求出发，对人的心理施加影响，从而影响人的行为，包括尊重员工、充分授权、给予荣誉、信任关心、情感鼓励等。

2. 正激励和负激励

按照激励的导向分类，员工激励可以分为正激励和负激励。正激励是指对员工的肯定、赞扬、奖赏、信任等具有正面意义的激励方式，促使员工能够继续和发扬该行为；负激励是指对不符合组织目标的员工行为给予否定、批评、惩罚，从而抑制和制止该动机和行为，并同时对其他人产生警示效应。

3. 内在激励和外在激励

按照激励的形式分类，员工激励可以分为内在激励和外在激励。内在激励是工作岗位上的直接满足，包括参与决策、成就感、工作趣味以及学习新的知识、技能等；外在激励是指与工作本身无关系的激励，包括工资、奖金、福利等。

4. 长效激励和短效激励

按照激励的效用时间分类，员工激励可以分为长效激励和短效激励。长效激励是指在比较长的一段时间内，持续地给予员工激励；短效激励侧重于短期内的效果，只是在某个时间段给予激励。

（三）员工激励的具体方式

非营利组织激励员工的具体方式主要包括：

1. 提高工资福利水平

根据马斯洛需求层次理论，只有作为人类维持自身生存的最基本要求的生理需求得到满足，人们才有工作的动力。非营利组织吸引和留住优秀人才，就要给优秀人才提供有竞争力的工资水平和福利待遇。

2. 给予精神鼓励

组织文化是组织经过长期发展所形成的价值标准、基本信念和行为规范。非营利组织构建乐观、积极、向上、包容的组织文化，可以对员工起到规范、凝聚和激励的作用。要对表现优秀的员工给予表彰，从精神上对员工进行激励。

3. 增加培训机会

员工很关注自己专业水平的提升和职业发展前景，非营利组织可以定期举办培训和给员工提供交流考察的机会，拓展员工的视野；给员工创造更多的学习、交流、培训机会，让员工能够不断取得进步。

4. 给予参与激励

各种形式的参与活动，能够培养和增强员工的荣誉感和归属感。非营利组织可以让员工参与到组织目标设立和机构发展中，让员工承担来自多个项目和多个领域的服务，有丰富多样的工作职责，以充分挖掘员工的工作潜能和利用员工的专业技能。这样，即使在有员工离职的情况下，组织的正常工作也不易受到影响。

5. 给予充分授权

非营利组织的负责人对下属应善于授权，将工作分派给适当的员工去执行，对员工给予充分的信任和自由。放手让员工去做，逐步增加工作的深度，使员工能以更加有效的方式去工作，主动积极探索创新，促进员工的成长。

6. 完善晋升制度

良好的晋升机制可以激发员工的工作热情，提高员工的工作效率，促进非营利组织的稳定发展。非营利组织要让员工能有向上发展的机会，设置合理的上级和下级的岗位。对于新的领导岗位，可以主要在内部进行提拔而不是外部招聘，让员工看到在机构工作的未来和希望。

八、员工绩效评价

（一）员工绩效评价的概念

员工绩效是指员工在某一时期内的工作行为、工作态度、工作结果和实际收益的总和。员工绩效评价也称绩效考评，是指考评主体依照工作目标和绩效指标，运用科学的考评方法，评定员工的工作任务完成情况和工作职责履行情况，并将评定结果反馈给员工的过程。

（二）非营利组织与企业员工绩效评价的不同

非营利组织的员工绩效评价与企业的员工绩效评价存在以下不同：

1. 非营利组织不能完全适用企业的考核指标

非营利组织的产出不是商品，不能通过产量、销售额、利润等指标对员工进行考核。非营利组织的员工绩效评价须结合项目完成度、活动效果、社会效益、服务对象反馈等指标。

2. 非营利组织不能使用提成方式给予员工奖励

非营利组织不能按照项目资金结余的一定比例给予员工提成奖励，否则违背非营利性的原则。非营利组织对员工的激励，一般不以大规模的物质奖励为主，而是通过肯定工作成绩和给予进步空间等形式给予激励。

（三）员工绩效评价的作用

员工绩效评价的结果可以为员工的薪酬调整、升迁、发展等提供重要参考信息。非营利组织的管理层、理事会、资助方都需要了解工作的有效性，以及资金是否用到了实处。如果员工的绩效比较好，就要强化这种绩效；如果员工的绩效比较差，就要采取相应的纠正措施。合理的员工绩效评价体系能够激发员工工作的积极性，促进组织的健康发展。

（四）员工绩效评价的指标和标准

员工绩效评价主要包括以下内容：制定员工绩效评价指标；制定员工绩效评价标准；根据标准对员工绩效实施评价；向员工反馈评价结果。

1. 员工绩效评价指标

员工绩效评价指标是指对员工的行为或结果进行评估的具体方面。非营利组织员工绩效评价的指标主要包括：

（1）工作业绩指标。该指标反映了员工工作完成的质和量，包括业务量完成情况、工作效果情况、服务对象满意度情况等。

（2）工作能力指标。该指标反映了员工工作中体现的能力，包括业务能力、技术水平、沟通能力等。

（3）工作态度指标。该指标反映了员工对待工作的态度，包括工作积极性、责任感、大局意识、合作意识等。

2. 员工绩效评价标准

员工绩效评价标准是指员工绩效的各个指标应达到的水平。非营利组织员工绩效评价标准分为两类：一类是定性标准，即采取非量化的方式进行描述；另一类是定量标准，即采取量化的方式进行描述。

绩效标准通常是描述性的、具体化的，设定的标准通常是一个范围，可以量化的应该尽可能量化。如果被评估者的评估结果超过标准的上限，说明被评估者的工作称职或优秀；如果被评估者的评估结果低于标准的下限，说明被评估者的工作不称职。

（五）员工绩效评价的方法

员工绩效评价可以采取员工自我考核、同事考核、主管考核等综合考核的方式。非营利组织员工绩效评价的方法主要有经验排序法、硬性分布法、360 度考核法、关键绩效指标考核法、主管述职评价法。

1. 经验排序法

经验排序法是按照员工业绩的相对优劣程度，通过比较确定每个员工的相对等级或名次。经验排序法的优点是计算简单，省时省力；经验排序法的缺点是主观随意性大，不同评价人员的评价结果往往不一样。

2. 硬性分布法

硬性分布法假设员工的能力和绩效呈正态分布，将员工的绩效分为优、良、合格、不合格几个等级，每个等级有一定的百分比，将员工的绩效等级进行归类。硬性分布法的优点是可以克服平均主义，避免考评者过于宽容的情况发生，适用于规模较大的组织；硬性分布法的缺点是不适于规模较小的组织和绩效不呈正态分布的组织。

3. 360 度考核法

360 度考核法也称全方位考核，考核主体和考核内容都比较全面。考核者的范围广泛，包括员工的上级、同事、下属、服务对象和员工本人等；考核内容注重对工作情况的全面衡量，从服务、财务、内部过程、创新等方面对员工绩效进行全面考核。360 度考核法的优点是考核方法具有客观性和全面性；360 度考核法的缺点是削弱了重点绩效指标的重要性，需要收集和汇总的信息量过大。

4. 关键绩效指标考核法

关键绩效指标（Key Performance Indicator，KPI）是指组织宏观战略目标决策经过层层分解产生的可操作性强的战术目标，是宏观战略决策执行效果的监测指针。关键绩效指标可以使部门主管明确部门的主要责任，并以此为基础，明确部门人员的业绩衡量指标。关键绩效指标是用于衡量工作人员绩效表现的量化指标，是绩效计划的重要组成部分。

非营利组织要形成有效的绩效评估反馈。在处理评估结果的反馈时，要慎重选择评估方式，着重评价员工的行为，而不是员工的人格。既要让员工了解自己的评定结果，又要避免引起员工之间的矛盾。评估结果可以只对本人反馈，或只公布得分最高的前几位员工。

5. 主管述职评价法

主管述职评价是由岗位人员做述职报告，把自己的工作完成情况和知识、技能等反映在报告内的一种考核方法。主管述职评价法主要是针对非营利组织的中、高层管理岗位的考核。述职报告可以在总结本机构、本部门工作的基础上进行，但重点是报告本人履行岗位职责的情况，即该管理岗位在管理本机构、本部门完成各项任务中的个人行为，本岗位发挥作用的情况。

非营利组织要慎重选择绩效评价方法，要着重评价员工的行为，而不是员工的人格。在处理评估结果的反馈时，既要让员工了解自己的评定结果，又要避免引起员工之间的矛盾。评估结果可以只对本人反馈，或只公布得分最高的前几位员工。

九、员工离职管理

如果非营利组织员工的离职率过高，对机构的运作和服务会造成损失，比如人员再次招聘的成本、空职损失、新聘人员不及离职者所导致的损失。但是，一个组织每年有10%的员工离职是正常的。一定的员工流动率，也有利于引进新的观念，促进机构的发展变革。

（一）员工离职管理的机制

各职能部门的主管有考核和处罚下属的权力，但他们没有直接辞退员工的权力。如果要辞退一个员工，必须由人力资源部门进行离职面谈和调查，然后再由机构负责人做出决定。在员工出现孕期、有辞职意向的时候，人力资源部门要对此做好准备，配合业务部门做好工作的交接工作。

每个非营利组织都要建立员工离职管理的机制，这一机制一般包括以下做法：

1. 分析员工离职原因

人力资源部门要为离职员工建立档案，记录每个员工离职的原因。非营利组织员工离职的原因很复杂，比如：薪酬水平不符合要求，工作强度大；领导对自己不信任，缺乏上升空间；发现机构没能兑现对自己的承诺；与直接领导不和睦，无法继续共事；现有岗位或机构不能继续给自己提供上升空间，不能实现晋升或晋级；机构的运作违背了公益宗旨和使命原则，财务管理不透明，内部分配不公平。在员工离职后，要分析哪些是机构自身的问题，哪些是员工本人的问题。

2. 对存在的问题给予解决

如果离职的原因是机构自身管理问题，就要从根源上对这类问题予以解决，以降低员工大面积离职的可能性，而不能“头痛医头，脚痛医脚”。同时，通过举办欢送会、聚餐等方式，降低员工离职现象对未离职员工情绪的影响。

3. 重视工作经验总结

为了避免员工离职对正常工作造成影响，非营利组织应强调员工对日常工作的总结，尤其是对工作流程、方法、经验的梳理，并对重要的档案资料进行定期备份，形成工作操作手册和项目管理办法，完善自身的管理体系，做到即使员工离职也不会影响工作进度。

4. 建立人才储备库

在平时的工作中，应储备后备人才队伍，比如有些能力较强的兼职人员、志愿者，定期让他们来参与一些工作。在有人员离职后，可以邀请他们来临时帮忙或转正入职。

（二）员工劳动合同的解除

劳动合同的解除是指在劳动合同期限届满之前，由于一定事由的出现，双方当事人提前终止劳动合同的法律行为。劳动合同的解除可以分为用人单位单方解除、劳动者单方解除、协商解除、自行解除。我国《劳动法》明确规定了劳动合同解除的限制条件和程序。

1. 可以解除劳动合同的情形

根据《劳动法》第二十五条、第二十六条的规定，存在下列情形之一的，用人单位可以解除劳动合同：①劳动者在试用期间被证明不符合录用条件的；②劳动者严重违反劳动纪律或者用人单位规章制度的；③劳动者严重失职，营私舞弊，对用人单位利益造成重大伤害的；④劳动者被依法追究刑事责任的；⑤劳动者患病或者非因公负伤，医疗期满后，不能从事原工作，也不能从事由用人单位另行安排工作的；⑥劳动者不能胜任工作，经过培训或调整工作岗位仍不能胜任工作的；⑦劳动合同订立时所依据的客观情况发生重大变化，致使原劳动合同无法履行，经当事人协商不能就变更劳动合同达成协议的。具有上述后三项情形的，用人单位应当提前30日以书面形式通知劳动者本人。

根据《劳动法》第三十一条、第三十二条的规定，劳动者解除劳动合同，应当提前30日以书面形式通知用人单位。有下列情况之一的，劳动者可以随时通知用人单位解除劳动合同：①在试用期内的；②用人单位以暴力、威胁或者非法限制人身自由的手段强迫劳动的；③用人单位未按照劳动合同的约定支付劳动报酬或者提供劳动条件的。

2. 不得解除劳动合同的情形

根据《劳动法》第二十九条规定，劳动者具有下列情形之一的，用人单位不得依据《劳动法》第二十六条、第二十七条的规定解除劳动合同：①患职业病或者因工负伤并被确认丧失或者部分丧失劳动能力的；②患病或者负伤，在规定的医疗期内的；③女职工在孕期、产期、哺乳期内的；④法律、行政法规规定的其他情形。

十、如何留住人才

非营利组织要留住人才，需要从待遇、平台、情感、成长空间、项目成就等多方面下功夫，才能改变本行业人才紧缺、流失率高的状况。非营利组织要制定人才发展计划，挖掘具备潜质的公益人才，为员工制定个人成长计划，提供对员工发展的支持，畅通员工晋升的发展通道。

第四节　非营利组织志愿者的管理

志愿者管理是非营利组织管理的重要组成部分，其管理水平高低直接影响一个组织的发展壮大，非营利组织应有专人或专门的职能部门负责志愿者管理工作。目前，我国非营利组织的志愿者管理存在诸多问题，比如：志愿者在有些地方属于稀缺资源，有些机构觉得志愿者能来就不错了，不必对他们要求太严，基本没有遵循规章制度对他们进行管理；由于志愿者的流动性大，对他们的人力资本投资的回报较低，很多机构不重视志愿者管理工作；多数机构的规模较小，没有设立人力资源部门，它们对全职人员的管理都尚未规范，就更谈不上对志愿者的规范管理。

志愿者的管理流程与全职员工的管理流程非常类似，它是由志愿工作规划、志愿者招募、志愿者培训、志愿者督导和记录、志愿者物质保障和安全保障、志愿者绩效评估和激励等一系列环节构成，以确保志愿服务实现预期目标。

一、志愿工作规划

志愿工作规划是志愿者管理的首要工作。非营利组织根据自身的使命和目标，以及要开展的项目或活动，对所要招募志愿者的岗位和项目进行规划和设计，确定招募志愿者的数量、类型和要求，明确志愿者的招募方法、志愿者培训以及志愿者的未来发展，并编制志愿者工作预算。志愿工作规划主要包括以下两方面工作：

（一）志愿者岗位描述

在志愿工作规划中，要明确组织在做哪些项目，在做项目的过程中开展了哪些活动，这些活动又需要哪些岗位。对于每个岗位要有一个详细的岗位描述，只有基于这样的岗位描述，非营利组织才能对志愿者进行招募。

志愿者岗位描述所包含的信息主要包括：①岗位名称；②志愿服务的目标和服务人群；③需要投入的工作时间和工作地点；④岗位职责；⑤负责的具体工作；⑥工作内容的期望产出；⑦岗位资格，即完成该工作所需要具备的特殊技能和经验；⑧需要接受的培训；⑨沟通机制，即向谁汇报工作。

（二）志愿者岗位分类

非营利组织要明确对志愿者的需求，明确让每类志愿者做什么工作。因此，要对志愿者的岗位进行分类，清晰界定不同志愿者的职责定位。

非营利组织可以将部分岗位设置成体验性岗位，这些岗位不需要进行很多培训，而是将志愿者作为推广普及对象。如果他们真正感兴趣并有意向留下，则可以转至长期需要志愿者的岗位，给管理者和志愿者留一个过渡时间。

二、志愿者招募

志愿者招募是非营利组织根据所制定的岗位描述和计划招募志愿者，以满足组织对志愿者的需求。由于非营利组织不具备大量招聘专职人员的资金实力，招募志愿者成为一个重要发展策略。随着社会的发展，志愿者参与志愿活动的动机和本质都日趋复杂。

（一）志愿者招募的准备

在招募志愿者之前，非营利组织应该了解志愿者参与志愿服务的动机是什么，他们想从志愿服务中得到什么，了解和分析志愿者的需求，同时了解本地区志愿者的供求情况。然后再制定一份招募计划，选择招募信息发布的渠道和方式、发布的目标群体。

（二）志愿者招募的标准

非营利组织要制定合理、明确的招募标准，明确需要什么样的志愿者。招募标准不严格的直接后果是志愿者的服务态度不端正、服务质量参差不齐，不能确保志愿服务开展的有效性和持续性。

志愿者招募的标准主要包括以下方面：①申请人是否具备志愿精神或服务意识。②申请人在此前是否有过志愿服务的经历。③申请人是否对所服务人群或领域感兴趣。④申请人是否具备提供志愿服务所需的时间和技能。比如，小学生课业辅导的志愿者，需要对小学课程内容及试题有基本了解；趣味运动会的志愿者，需要对运动项目的规则有基本了解。

不同类型项目需要不同条件的志愿者，比如老年精神慰藉项目需要招募有老人服务经验的志愿者、科技服务项目需要招募有科技专业背景的志愿者、大型活动需要招募有组织能力和协调能力的志愿者。

（三）志愿者招募的方式

志愿者招募的方式很多，不同的招募方式，其花费的时间、精力和难易程度是不一样的。非营利组织要拓宽招募渠道，避免出现招募不到足够志愿者的情况，从而在筛选志愿者过程中有更多选择机会。但如果对志愿者的需求量不大，就不需要多渠道同时招募。

志愿者招募的方法主要包括：

1. 志愿者推荐或介绍

通过现有志愿者的人脉招募，更容易找到志同道合的志愿者。

2. 活动现场招募

在所举办的志愿活动现场进行宣传，吸引志愿者现场报名。

3. 举办志愿服务培训课程

在举办的志愿服务培训课程上，现场进行发动和招募志愿者。

4. 运用互联网方式

在志愿者协会网站、本机构网站、微博、微信公众号上发布志愿者招募信息，在志愿者集中的微信群、QQ 群转发，可以有针对性地接触到潜在志愿者群体，提高志愿者招募的效率。

5. 校园招募

大学生对志愿活动的热情较高，而且文化素质较高，是主要的志愿者群体，但存在学习时间与志愿活动时间相冲突的问题，易造成服务衔接不好。非营利组织可以考虑校园招募渠道，比如高校网上论坛、学校海报栏等。非营利组织还可以与高校的团委、学生会、学生社团（如志愿者协会）合作，共同招募志愿者。

（四）志愿者的面试

根据一定的招募标准，人力资源部门对志愿者报名表进行初筛，将符合条件的报名表集中，书面或电话通知面试时间和地点。在面试过程中，非营利组织必须明确志愿者拟安排的工作岗位情况；志愿者也应了解自己所申请工作岗位的情况，以确定自己是否能承担相应职责。

志愿者面试是评估和商议的过程。面试可以采取一对一面谈、群体面试、书面测试、团队互动等方式。通过这些方式，了解申请人的技能、兴趣和特长。招募需求量较大的时候可以采取群体面试的形式，设定特定场景，从侧面了解申请人对实际问题的反应能力和解决能力。如果是与高校社团合作招募，可以先请社团的负责人做初步的筛选，然后再由机构的工作人员去大学安排面试或通知他们来机构面试，这样做可以节省时间。

志愿者的心态与全职员工有所不同，如果非营利组织拒绝志愿者加人，有些志愿者可能会比较懊恼，认为非营利组织不应该拒绝一个主动愿意做好事的人。因此，在拒绝一个志愿者的时候，应该注意方式方法。同时，可将那些不符合本次招募标准的报名表存档，以备将来其他志愿服务岗位需要。

(五) 签署志愿服务协议

签署志愿服务协议是志愿者招募的重要步骤。非营利组织与志愿者之间的关系不是劳动关系。机构对志愿者的管理不是依据《劳动法》，而是依据《志愿服务条例》。因此，非营利组织与志愿者之间签署的不是劳动合同，而是志愿服务协议。

在志愿服务协议中，要明确志愿者的权利和义务。

1. 志愿者享有的权利

志愿者享有的权利主要包括：

(1) 当志愿者的精神状态或健康状态不能继续从事志愿服务时，志愿者有权拒绝该服务活动。

(2) 参加机构提供的与服务内容相关的培训。

(3) 获得从事志愿服务的必要保障。

2. 志愿者应履行的义务

志愿者应履行的义务主要包括：

(1) 志愿者应履行自己所承诺的志愿服务时长。志愿者应至少坚持一定的工作时间，以确保工作的连续性。协议中可规定，有多次缺勤的志愿者将不能得到志愿者证书，不能继续参与该项志愿服务。

(2) 志愿者应遵守机构的各项规章制度，志愿者不得以志愿者身份从事任何以营利为目的或违背社会公德的活动，不得以任何理由收取服务对象的款物。

(3) 志愿者应服从管理，按照管理人员的安排开展工作，不做有损于机构利益的事情。

(4) 文明服务，尊重服务对象的权利，避免和服务对象发生冲突，对服务对象的信息予以保密。

三、志愿者培训

（一）志愿者培训的必要性

在志愿者被招募进非营利组织之后或参加志愿服务之前，非营利组织需要对志愿者进行培训。有些人觉得志愿服务都是很简单的事情，不需要任何学习，这种观点是不对的。受过良好训练的志愿者是志愿活动顺利开展的保证，非营利组织对志愿者的培训要严格、专业，以确保志愿服务的质量，提高志愿者的整体素质。同时，志愿者也希望培训能帮助个人成长，从而实现自己的目标。但在有些情况下，非营利组织由于时间仓促，没有对志愿者进行培训，导致志愿者对机构和工作内容并不了解，影响志愿服务效果。

（二）志愿者培训的内容

对志愿者的培训可以采取集体讲座、讨论、一对一辅导、以老带新、案例分析、角色扮演、实地参观、志愿者手册阅读、网络远程培训等方式进行。志愿者培训内容的选择，通常是根据志愿者能力现状与不足、项目对志愿者能力的要求来确定的。志愿者培训是由一系列内容构成的，主要包括：

1. 介绍机构情况

首先要让志愿者对机构有全面的了解，包括机构的使命与宗旨、历史与现状、内部架构和各部门功能，并认识其他同事，使志愿者能够充分认同机构的组织文化。

2. 志愿服务的理念和价值观

志愿者从事志愿服务有不同的动机，这些不同动机会对志愿者的行为产生影响。因此，应对志愿者的志愿精神和志愿理念进行引导，提高他们的认同感和工作积极性。

3. 志愿服务的制度与规则

让志愿者了解在志愿服务中应该遵守的规章制度。这就需要非营利组织不仅要制定明确的规章制度，而且要按照规定进行管理，而不能将其束之高阁。

4. 志愿服务工作内容

通过对不同工作内容进行有针对性的培训，让志愿者了解志愿服务的工作内容、工作流程。

5. 服务中的专业技能和操作技巧

有些志愿服务对专业性的要求较高，比如在助残服务中，志愿者需要了解残疾人的身心特点、残疾人照顾方法、与残疾人沟通的技巧等内容，必须运用专业的方法和技巧去解决。但是，大多数志愿者都不是专业人员，在志愿服务中经常会遇到难以处理的问题，通过培训，可以让志愿者更好地掌握这些专业技能和操作技巧。

6. 志愿者团队建设

可以通过团队游戏的方式，增强志愿者的默契度和责任感，使所有志愿者了解如何作为一个团队进行工作。

（三）制作志愿者培训材料

制定一本完整的志愿者手册非常重要。志愿者手册可以包含以下内容：①机构介绍，包括机构的发展现状和发展历程，机构的宗旨、使命和目标；②机构架构，包括机构架构图、领导介绍、职能部门划分；③志愿服务的基本规定，包括志愿服务的流程、志愿者工作规范、志愿者的权利和义务。

四、志愿者督导和记录

非营利组织要充分尊重志愿者的个人意愿，在此基础上开展活动。非营利组织要将志愿者视为共同工作的伙伴，给予志愿者充分的活动空间和自主权。

（一）志愿者督导

志愿者督导是由专业性较强的工作人员，根据志愿者的基本情况和实际需求，通过面对面的方式为志愿者提供行政性、教育性和支持性的指导，从而使志愿者得到自我成长，提高志愿服务的质量。行政性的督导是指对志愿者的工作进行监督、总结和评价；教育性的督导是指通过对知识的讲解，增强志愿者的专业知识和服务技能；支持性的督导是指对志愿者遇到的各种困难提供支持。

由于志愿者不是支付工资的雇员，非营利组织没有特定有效的办法去约束他们，很难使用批评的方式，而主要使用督导的方式。督导是培训活动的重要补充，二者都起到提升志愿者能力的作用。非营利组织应建立督导制度，这是加强志愿者与机构之间联络的较好方式。但是，由于大多数非营利组织的工作人员较少，日常工作太多，往往忽视对志愿者的督导，影响了志愿服务的质量。

首先，对志愿者的督导应贯穿于志愿活动的全过程。由资深工作者带着新加入的志愿者工作，可以使志愿者更快进入工作状态。志愿者督导的主要内容包括：①提高志愿者的专业水平。培训志愿者的相关工作技巧，提高服务质量。②促进志愿者的个人成长。提高志愿者的自信心，使他们感受到来自机构的关心、支持和鼓励，在工作中保持健康的心态，不至于产生负面情绪。

其次，志愿者应总结归纳在志愿活动中出现的问题或困惑，反馈给机构的资深工作者。如果问题比较多，可专门安排时间进行面对面督导；如果问题比较少，可通过互联网或电话讨论的方式解决。

（二）志愿服务记录

为志愿者提供相应的服务记录和服务证明，是非营利组织的应尽义务。因此，非营利组织要利用好相应的信息系统，做好志愿服务时间的记录。

志愿服务记录通常包括以下信息：志愿者姓名、服务时间和期限、服务地点、服务内容、服务效果、志愿者自我评价、服务对象反馈、主管领导评价、志愿服务负责人签名。

五、志愿者物质保障和安全保障

（一）志愿者物质保障

志愿者是“不图物质报酬、奉献个人、服务社会”的人，他们不能领取薪酬，但这并不意味着志愿者不能获得补贴与福利。志愿者在提供志愿服务过程中会产生一些费用，比如交通费、餐费、住宿费等基本费用，以及在志愿活动中受到伤害所需要的医疗费用等。志愿者在工作中，还需要志愿者服装、工作证、办公用品等。如果非营利组织能够为志愿者提供这些方面的物质保障，就可以解决志愿者在志愿服务中的后顾之忧，提高志愿者参与工作的热情。

（二）志愿者安全保障

志愿者在志愿服务过程中存在不确定性，可能会遇到各种危险，这会侵害志愿者的自身权益。非营利组织应为志愿者提供安全保障和医疗保障，以应对突发事件的发生。

志愿者所从事的活动如果具有很大的危险性，比如救灾救援、公共卫生等活动，非营利组织应为志愿者购买人身意外伤害保险。同时，还要为志愿者准备医疗用品、医疗器械，以应对可能发生的危险。

六、志愿者绩效评估和激励

（一）志愿者绩效评估

志愿者绩效评估是对志愿者的工作行为及其贡献与影响的测量。在绩效评估中，首先要收集志愿服务的相关数据，依据一套标准对数据进行分析。

绩效评估的方法主要包括：①监测和信息收集。在志愿服务期间，由管理者收集活动资料、志愿服务日志、沟通记录、活动照片等资料。②信息整理和分析。将收集到的信息进行分类整理，发现不足和问题，并提出完善建议。

（二）志愿者激励

1. 志愿者激励的必要性

志愿者特别注重精神需要的满足，在帮助别人的过程中获得满足感和成就感，得到机构和社会的认可。但有些志愿者在刚开始工作的时候充满热情，在中后期热情逐渐消退，出现志愿者惰化问题。其原因主要有：①工作内容不符合志愿者自身特长和期待；②工作职责不清晰；③团队氛围不理想；④没有奖惩制度，缺乏持续性的激励。

对志愿者不能用金钱来调动其积极性，他们不是为了钱来的，对他们应使用精神激励的方式。而且，非营利组织由于自身经费有限，激励的方式主要是精神激励。非营利组织应建立有效的志愿者激励机制，进而能够维持与志愿者的长期关系，激发志愿者的志愿服务热情，确保志愿服务的长效性和持久性。而且，要让志愿者感受到机构对他们的关心和鼓励，不要让志愿者觉得自己是“廉价劳动力”。

2. 志愿者激励的方法

对志愿者的激励应贯穿于志愿服务的前期、中期和后期。志愿者激励的方法主要包括：

（1）对志愿者的工作给予及时的认可。志愿者提供服务，即使效果再好，如果得不到来自机构的回应，他们也会感到没有成就感或未得到认可。非营利组织应与志愿者建立伙伴关系，对志愿者的付出表示感谢，满足志愿者的内心需求。

（2）颁发志愿服务证书。在项目活动结束后，对志愿者的服务进行统计，对志愿服务累计一定次数以上的志愿者，颁发志愿服务证书。

（3）对志愿者给予奖励。通过给予感谢信、纪念品、奖品等形式对志愿者予以奖励。每年可以举办志愿者表彰大会，评选十佳志愿者、百名优秀志愿者等，向表现优秀的志愿者颁发奖状。

我国大多数非营利组织是按照《中国注册志愿者管理办法》的规定，对志愿者实行星级认证和奖章授予制度。该《办法》根据志愿者的服务时间将志愿者分为五级：志愿者注册后，参加志愿服务时间累计达到100小时的，认定为“一星志愿者”；参加志愿服务时间累计达到300小时的，认定为“二星志愿者”；参加志愿服务时间累计达到600小时的，认定为“三星志愿者”；参加志愿服务时间累计达到1 000小时的，认定为“四星志愿者”；参加志愿服务时间累计达到1 500小时的，认定为“五星志愿者”。星级志愿者认定后，可由相关注册机构在其注册证上进行标注，并佩戴相应标志。①

（4）让志愿者做创造性而不是重复性的工作。一项志愿服务如果长期都是简单重复性的枯燥工作（如维持秩序、会议记录、搬桌椅、接电话等），往往会导致志愿者的兴趣衰减，让他们没有成就感和价值感。非营利组织应该让志愿者做创造性的工作，这有利于激发志愿者的工作动机。

（5）赋予志愿者更大的责任。志愿者在刚开始工作的时候，往往做的是比较初级的工作。但随着时间的推移，可以让志愿者承担更加重要的工作，邀请志愿者参与到组织的决策过程中来。

（6）组织志愿者之间的交流活动。很多志愿者希望在工作中结交朋友，针对这一需求，非营利组织可以设立专门的志愿者活动经费，组织志愿者开展聚餐、团队建设、户外拓展、过集体生日、KTV唱歌等活动，让志愿者彼此了解，形成自己的团队文化，对志愿者团体产生归属感。

（7）开展对志愿者的离职辅导和后续联系。在志愿者的志愿服务结束后，每年定期与他们取得联系，邀请他们回来参加活动，欢迎他们有机会再次入职从事志愿服务。

---

① 共青团中央：《中国注册志愿者管理办法》，2006年11月7日颁布，2013年11月修订。

关键术语

人力资源　人力资源管理　人力资本理论　需求层次理论　激励-保健理论　目标理论　人力资源规划　工作分析　员工招聘　签订劳动合同　员工培训　薪酬和福利支付　员工激励　绩效评价　离职管理　360 度考核法　关键绩效指标考核法　劳动法　志愿者管理　志愿者督导　志愿服务记录

复习思考题

1. 非营利组织人力资源管理的概念是什么？
2. 非营利组织人力资源管理的理论主要有哪些？
3. 非营利组织人力资源的构成包括哪几部分？
4. 志愿者可以分为几类？
5. 非营利组织人力资源管理有哪些特点？
6. 非营利组织全职员工管理包括哪些环节？
7. 工作分析的方法主要包括哪些？
8. 非营利组织招聘的原则包括哪些？
9. 非营利组织招聘的流程是什么？
10. 志愿者管理的流程是什么？

第七章　非营利组织的筹款管理

【本章提要】

本章介绍非营利组织的筹款管理，共分为四节内容：第一节是非营利组织筹款的概念和理论，主要介绍非营利组织筹款的概念、筹款的原因、筹款的前提、筹款的原则、筹款理念的发展阶段、筹款的相关理论、参与筹款工作的主体。第二节是非营利组织筹款管理的工作流程，主要介绍明确业务定位、设计筹款产品、制定筹款规划、了解资助方信息、制作筹款材料、制定筹款活动方案、开展筹款宣传、展开筹款活动、回报和感谢捐赠者、落实捐赠协议。第三节是非营利组织的筹款渠道，主要介绍外部筹款渠道、内部筹款渠道。第四节是非营利组织的筹款方式，主要介绍面对面筹款、互联网筹款、签订月捐计划、联合劝募、公益众筹、举办主题活动筹款、运动筹款、体验式筹款、数据库筹款、虚拟交易筹款、产品化筹款。

任何组织要实现自身的可持续发展，都离不开稳定的资金支持。资金对于非营利组织的发展十分重要，非营利组织的公益活动需要资金，维持自身运营也需要资金。充足的资金意味着非营利组织可以招募到优秀的人才，履行自身的使命宗旨和发展战略，为服务对象提供专业化的服务。我国非营利组织经过长期发展，一些公益项目在社会上成功筹集了很多资金，比如中国青少年发展基金会“希望工程”项目、中国扶贫基金会“爱心包裹”项目、中国社会福利基金会“免费午餐”项目等。

但是，我国很多非营利组织都处于资金短缺的困境，非营利组织的整体筹款能力还比较弱。它们缺乏专业筹款人才，不了解有哪些筹款渠道和筹款方法，不知道如何与潜在资助方建立联系，缺乏项目设计和项目书撰写能力。在这种情况下，有效提高非营利组织的筹款能力，使非营利组织得到维持自身生存与发展的资金，是非常重要的。

第一节　非营利组织筹款的概念和理论

一、非营利组织筹款的概念

（一）筹款的概念

筹款，英文为“Fund-raising”，也被称为“募捐”“募款”“筹资”等，通常理解为筹集资金，是指凭借某种原因而获得外界的资金支持，以无偿获取为主要形式。

依据发起主体的不同，筹款可以分为政治组织筹款、非营利组织筹款和个人筹款，企业的市场交易行为不能称为筹款。政治组织筹款，是指在西方资本主义制度下，某个政党或参选人为了获取政治选举胜利而进行的筹款行为。个人筹款，是指个人在患有重大疾病或遇到突发困难的时候，向社会请求救助的行为。

（二）非营利组织筹款的概念

非营利组织筹款，是指非营利组织基于公益使命和宗旨，为完成某项公益活动或实现某个公益目标，利用各方面资源或渠道，面向政府、企业、基金会和个人筹集组织所需资金或物资的活动。非营利组织筹款与其他组织筹款的区别在于其筹款目的的公益性，筹集资金通常不是为了增进自身福利，而是为了增进弱势群体或社会公众的福利，如扶老助老、助残、扶贫济困、环境保护等。由于目的的公益性，非营利组织筹集的资金都具有无偿性。筹款活动是一个桥梁，可以把非营利组织的资金需求和人们参与公益的需求进行对接。

与筹款相对应的概念是捐赠。捐赠是指人们无偿地将资金、物资给予他人的行为。捐赠和筹款的发起人不同，捐赠的发起人是捐赠人，筹款的发起人是筹款人。对于筹款，不能“酒香不怕巷子深”，而要主动出击。

（三）非营利组织筹款的分类

在法律上，非营利组织筹款分为“公募”和“非公募”。“公募”是可以面向社会（即非特定个人）开展公开募集活动；“非公募”不可以面向社会（即非特定个人）开展公开募集活动，只能在特定人群中开展募捐。2016 年《中华人民共和国慈善法》颁布之后，一般的非营利组织也有资格申请公募资格，这就打破了此前公募基金会对公募资格的垄断。

（四）非营利组织筹款的要素

非营利组织的筹款包括以下三个要素：①筹款主体，是指发起筹款的非营利组织。②筹款对象，是指筹款活动面向的潜在捐赠者，比如政府、企业、基金会和个人等。③筹款方式，是指筹款主体向筹款对象筹款时所采取的具体方法，比如互联网筹款、公益众筹、运动筹款等。

二、非营利组织筹款的原因

非营利组织之所以需要进行筹款，主要是基于以下原因：

（一）组织的宗旨和使命是驱动力

非营利组织往往都有一个很好的理念，比如想解决某一社会问题或服务某类特殊人群，比如救灾救济、环境治理、灾后重建、先心病儿童救助、孤寡老人慰问或残疾人帮扶。而要想解决问题，就要有具体的行动方案，要执行这个行动方案，需要有一定的资金支持，要进行成本效益分析和进行预算计划，下一步就要开展筹款。

（二）由其组织属性和运营模式决定

大多数非营利组织不能直接创造经济收益。在社会的三大部门中，政府的资金主要来自于税收，税收是以法律为依据的，并且具有强制性；企业的收入来自于向服务对象的收费，其受益者同时也是资金提供者，能通过销售商品获得收益；非营利组织的主流模式是由第三方付费，即服务对象不付费，受益者和付费方是分离的。

可以看出，非营利组织的资金获取方式存在间接性，以奉献精神的价值观为筹款基础。对于任何一次捐赠而言，捐赠人是否捐赠都是完全自愿的，也就是说，非营利组织的筹款对捐赠方提出了更高的要求，要求捐赠方在自身不获益的情况下放弃资财。与此同时，非营利组织还要为受益群体提供更好的服务，以获得资助方的认可。因此，非营利组织的筹款要同时考虑资助方和受益方的需求，这提高了筹款的难度。

(三) 实现组织自身发展

非营利组织的筹款以实现社会使命为目标，但为了实现社会使命，要确保组织自身的存在和发展。因此，非营利组织的筹款也有一部分是维持自身发展的，并且要不断拓展新的资金来源，以降低对某项资助的依赖性，建立多元化的资金来源渠道，实现组织自身的可持续发展。

(四) 获取社会影响力或人力资源

有些非营利组织为了扩大自身在社会上的影响力，或者进行人力资源招募，也会战略性地开展筹款活动。

需要指出的是，不是每个非营利组织都需要对外筹款，它们有解决成本问题的方式。比如，有些非营利组织是由有一定经济基础的个人或企业举办的，该个人或企业承诺承担该组织的项目和运营费用；有些非营利组织的成员全部是志愿者，其开展的活动都是没有成本的，即使有成本，也是由志愿者通过 AA 制方式解决；有些官办的非营利组织由政府财政资金支持，政府承担其全部成本。

三、非营利组织筹款的前提

非营利组织在进行筹款之前，需要满足一定的前提条件。在不具备条件的情况下，一个组织贸然地进行筹款，很可能会起到负面效果。筹款活动是非营利组织对外界的一次全面展示，包括机构的团队能力、项目设计、专业水平和运营能力。无论哪一个方面出了问题，都会受到捐赠者的质疑，从而导致整个机构的信任危机。

（一）确认组织具有筹款的法定资格

只有在民政部门正式登记注册的非营利组织，才具有接受社会捐赠的法定资格。非营利组织如果想开展公开募捐，需要向当地民政部门申请公开募捐资格，不具备公开募捐资格的组织开展公募，是违法行为。

（二）确认需要通过筹款的方式解决问题

在筹款之前，非营利组织要考虑是否有明确的资金使用方向和项目目标，如果服务对象没有需求，就不需要进行筹款；要考虑能否采取其他方式以解决成本问题，比如协调社区或学校免费提供场地而不是租用，招募志愿者和兼职人员而不是招聘专职人员，这些方式都可以减少预算。

（三）具有较好的公信力

非营利组织的筹款，依靠的是组织长期以来形成的信誉和口碑。捐赠人愿意捐赠是基于对非营利组织的信赖，公信力越强的组织，其筹款越容易成功。非营利组织公信力的形成不是一朝一夕的事情，需要具有稳定的团队、专业的服务、良好的内部治理结构、有效的媒体传播和公开透明，这些对维持组织的公信力非常重要。

（四）具有有效的项目执行能力

非营利组织的筹款是为了执行公益项目，项目的有效执行需要有明确的解决方案、专业化的工作人员、足够的人力资源、有执行力的项目团队。如果非营利组织的筹款资源很多，但是项目执行能力很差，这种筹款也是不可持续的。

（五）具有健全透明的财务制度

捐赠资金使用公开透明，是对非营利组织最基本的要求，捐赠资金的收支情况要向捐赠人和社会公开。非营利组织的财务要做到公开透明，否则就不具备筹款的条件。如果非营利组织在账目上出现了问题或丑闻，很容易使之前积累的声誉前功尽弃。

四、非营利组织筹款的原则

非营利组织的筹款要遵循一定的原则，只有这样，才能更加有效地开展筹款活动。

（一）重视首次筹款原则

非营利组织成立后的第一次筹款比较重要。通过第一次筹款，非营利组织可以建立项目核心团队，建立组织的架构和管理制度，积累项目运作的经验，建立与资助方的合作关系。

（二）非营利性原则

非营利组织具有非营利性，这就决定了非营利组织的筹款不能等同于或直接应用商业的集资或投资规则，不能像企业那样具有逐利性。非营利组织筹款的目的是为了实现公益使命。

（三）合法性原则

非营利组织的筹款来源和筹款方法，要符合法律法规和政策的规定。不具备公开募捐资格就不要开展公开募捐。不能接受非法来源的、违背公益宗旨的、违背受益者意愿的、不道德的捐赠。在筹款过程中，非营利组织要按照法律规范履行筹款过程中的各项义务。

（四）以需定筹原则

非营利组织的筹款是为了满足社会需求，要根据服务群体的需求情况进行筹款，不要超出实际需求或者未进行需求调研就进行筹款，不能为筹款而筹款，这样会造成资金浪费。

（五）限制成本原则

这一原则有三个方面：

1. 限制筹款成本

非营利组织的运营有四类成本：项目成本、筹款成本、管理成本和其他成本。非营利组织的筹款活动是有成本的，筹款过程中会产生一些费用，比如宣传、交通、人力、大型活动等方面都有成本。非营利组织应限制筹款活动的成本，力争用最少的钱筹到更多资金，提高筹款活动的效益。

2. 筹款活动不宜奢华

筹款的目的大多是救助贫困的弱势人群，铺张浪费的作风会违背公益活动的宗旨。

3. 控制执行成本

在筹款产品设计中，应控制交通费、人员补助等执行成本。如果这一比例过高，直接用于服务对象的经费比例就会低，合理性就很容易让人怀疑，从而影响机构的形象。

（六）平等性原则

有些非营利组织由于急需得到资金，在与企业等资助方沟通的时候，一味地迎合资助方，甚至把自己放在“乞讨”的位置，即使在与资助方的理念、价值观或工作方法不合时，也总是向对方妥协。这就使自己变成了资助方的附庸，缺乏本应具有的独立地位。这种做法不但会偏离机构的使命，对自身的可持续发展也将造成损害。

（七）捐赠人思维原则

在筹款工作中，有些非营利组织总是以自我为中心，觉得自己需要什么，就发动别人捐什么。捐赠人思维是站在捐赠人的角度，去主动了解他们的特别需求和动机，从而更有针对性地对他们进行服务和管理。

五、筹款理念的发展阶段

对于如何才能有效地开展筹款，美国学者菲利普·科特勒（Philip Kotler）、艾伦·安德里亚森（Alan R. Andreasen）认为，从营销导向来看，筹款理念经历了三个发展阶段。

（一）关系导向阶段

第一阶段是关系导向阶段。大部分款项是通过高级管理人员的“关系网”获得。组织依赖志愿者获得其他额外款项，少量捐赠专一的人士提供了这些非营利组织的大部分款项。

（二）推销导向阶段

第二阶段是推销导向阶段。其理念是“有许多有捐款意向的人们，我们必须走出去发现他们，说服他们提供捐赠”。他们通过所有可能的途径募集资金，捐赠人对于组织本身政策和特点的影响很小，许多大型组织正处于这个阶段。

（三）消费者导向阶段

第三阶段是消费者导向阶段。其理念是“我们必须分析我们在市场中的位置，关注那些兴趣和我们一样的捐款人，设计使捐款人满意的募款计划”。这种方式包括了仔细细分捐款人市场；测量潜在的捐款人市场；为市场的开发分配责任；为潜在的市场制定计划和预算。越来越多的大型非营利组织已经进入这个阶段。①

六、非营利组织筹款的相关理论

非营利组织筹款方面的理论主要有二八定理和捐赠者递进层次理论。

（一）二八定理

“二八定理”是重要的筹款理论，是对捐赠结构现状的经验总结。“二八定理”是指，按照捐款额的多少对捐赠者进行排序，前 20%的大额捐赠者的捐款额通常能占到非营利组织年度募捐总额的 80%，而余下 80%捐赠者的捐款额占到非营利组织年度募捐总额的 20%。因此，大额捐赠者（尤其是企业）对一个机构的筹款收入有重大影响，非营利组织应对大额捐赠者采取有效的筹款策略。

（二）捐赠者递进层次理论

捐赠者的捐赠行为是逐渐发展的，非营利组织应推动捐赠者捐赠行为的逐层递进。捐赠者在捐赠中的行为分为六个阶段，对不同阶段的捐赠者

---

① 菲利普·科特勒，艾伦·R. 安德里亚森. 非营利组织战略营销［M］. 北京：中国人民大学出版社，2003.

要采取不同的筹款方式。

1. 潜在捐赠者

第一层次是潜在捐赠者，对其采取大众传播方式，比如刊登活动广告、电话劝募等，目的是挖掘出潜在捐赠者。

2. 第一次捐赠者

第二层次是第一次捐赠者，比如受感动者、购买义卖品者，对其采取活动筹款的方式。

3. 年度捐赠者或会员

第三层次是年度捐赠者或会员，对其采取年度表彰的方式。

4. 持续性捐赠者

第四层次是持续性捐赠者，对其采取信用卡捐赠、工资卡直接扣除的方式。

5. 巨额捐赠者

第五层次是巨额捐赠者，比如个人或企业的资产捐赠、纪念性大笔捐赠，对其采取面对面的筹款方式。

6. 计划性捐赠者

第六层次是计划性捐赠者，比如遗产捐赠，对其采取遗产、保险、信托的方式。[①]

七、参与筹款工作的主体

非营利组织在筹款中，如果有了潜在捐赠人，就要有人与他们建立连接机制，做这些工作的人就是筹款工作的主体。非营利组织的筹款工作是一个协同配合的系统，不能只由机构负责人一个人去做筹款，如果其他人都在观望，就不会有好的结果。而且，非营利组织的筹款工作、品牌建设和战略管理是一个整体，它们是相互影响与协同的关系。非营利组织参与

① 二八定理劝募原则 [N]. 公益时报，2013-07-23.

筹款工作的主体由以下几部分组成：

（一）理事或顾问

非营利组织的理事或顾问中，很多是企业界人士或行业专家，他们的社会资源比较丰富，由他们代表机构开展筹款工作，可以起到事半功倍的效果。

（二）筹款部门

非营利组织应有专门的职能部门负责筹款业务，将筹款工作作为一项日常性的工作去做，必要时还要进行项目、财务和外联等多部门的跨部门协作。在团队中，应设置筹款专员去做筹款工作，明确该岗位的职责和任职资格，这样才能使筹款工作更加专业化和持续化。

筹款专员的工作内容主要包括：①制定筹款工作计划；②定期给潜在捐赠人发送邮件或信函；③拓展筹款渠道的人脉关系，上门拜访潜在捐赠人；④开发筹款产品，进行项目推广和传播；⑤策划和组织筹款活动等；⑥向捐赠人提供项目效果的信息，对捐赠人的要求进行反馈。

筹款团队和项目团队是互相协作的关系，筹款团队负责开发筹款产品、制定筹款策略、捐赠资源的开发和维护；项目团队负责资金到位后的项目执行，并实时提供项目信息给筹款团队，协助筹款工作的开展。

（三）专业筹款人

非营利组织的筹款业务可以外包给专业筹款人。随着我国公益事业的发展，非营利组织的筹款正在走向专业化和职业化，需要有一批兼具公益情怀和市场意识的职业筹款师。在西方发达国家，专业筹款人已经成为了一个职业。他们负责给慈善组织筹款，也被称为“募捐咨询师”或“职业劝募师”，筹款工作本身不一定是非营利的。

1960 年在美国成立的国际职业筹款人协会已经有 3 万名以上的会员，促进了非营利组织筹款水平的提升。美国至少 45 个州要求专业筹款人应持有资格证书，证书有效期为一年，要定期提交年度财务报告。在每一次筹款时，专业筹款人必须出示资格证书、代为筹款机构的委托书，告知筹款人的酬金数额。虽然法律没有禁止专业筹款人按比例收取资金即提成，但这种做法被视为不符合专业伦理。①

第二节　非营利组织筹款管理的工作流程

筹款管理是非营利组织的一项核心工作，它由一系列前后关联的环节组成。非营利组织为了确保筹款工作的效果，应明确筹款的工作流程，形成明确的筹款工作机制。

一、明确业务定位

非营利组织的筹款工作要克服盲目性和随意性。非营利组织在筹款之前，要明确自身的业务属性和模式，其业务更适合通过哪种方式获取资金。有些业务（例如儿童助学项目）适合通过组织影响力或品牌来进行公众筹款，有些业务（例如青少年培训项目）适合通过提供服务收取费用，有些业务（例如社区服务项目）适合寻求政府、企业或基金会的第三方资助。

我国大多数非营利组织的业务定位是寻求第三方资助。在这一定位下，非营利组织应明确自己要做什么，自己的需求是什么，能为资助方提供什么。

二、设计筹款产品

非营利组织如果想进行筹款，就要有“项目”或“产品”。“项目”一般是满足受益人的，“产品”还包括了对捐赠者的服务、对其需求的满足。筹款产品的设计是筹款活动中至关重要的一环，是一个组织成功筹款的基础。如果没有好的筹款产品，即使有再好的筹款渠道和筹款机制也无

① 贾西津．完善慈善的专业募款机制［N］．公益时报，2013-08-28.

济于事。筹款产品的设计，考验的是非营利组织的创新能力和统筹能力。

非营利组织在筹款项目产品设计的过程中，需要注意以下问题：

（1）项目要有明确的目标群体和要解决的社会问题，能够让受众认识到问题的重要性和紧迫性，要明确受益人或服务对象的人数、存在问题及其需求。

（2）对项目的目标进行明确的定性或定量的描述，比如要使贫困学生的课业水平提升到何种程度，或者帮助多少残疾人实现再就业。

（3）明确为受益人提供服务的方式和手段，明确服务能为其带来的改变。

（4）项目设计在满足受益人需求的基础上，要考虑潜在资助方的要求。在项目设计时，可以征求潜在资助方的意见。

（5）项目要具备一定的创新性，能与其他项目有所不同。

（6）项目要具备可操作性，在所在区域可以实施操作。

（7）项目要有明确的成本预算，准确说明达到目标需要多少资金。

三、制定筹款规划

在明确资金需求数额之后，非营利组织可以结合自身的特点和能力，制定出一份筹款规划，这份筹款规划是在组织内部使用的。筹款规划是非营利组织进行筹款的整体规划，在规划中，对筹款产品和筹款渠道进行全盘梳理。非营利组织的领导者要引导筹款执行团队做好筹款规划，只有形成良好的工作程序，一个组织才能良性发展。

筹款规划包括筹款额度、筹款对象、筹款方式、筹款成本预算、潜在风险分析、风险应对预案、筹款步骤安排、团队人员分工等。

四、了解资助方信息

非营利组织的潜在资助方是多元化的，可能是政府、基金会、企业、个人等。不同资助方的资金量、定位和资助方向不同，非营利组织向不同资助方的筹款，其筹款方式、难易程度和筹款成本也不同。非营利组织不能把所有期望都寄托于单一资助方，要尽量实现资金来源渠道的多元化。

（一）了解资助方信息的内容

要了解的资助方信息主要有：资助方的资助领域、项目要求和财务规范；资助方的资助意向；资助方对项目申请书的撰写和提交的要求；资助方曾经资助过哪些项目，资助金额有多少；资助资金的拨付方式和结项要求。

（二）了解资助方信息的途径

了解资助方信息的途径主要有：参加行业论坛、沙龙、研讨会、培训、慈展会等活动；通过网站、自媒体、报纸、杂志等进行了解。由于非营利组织的社会影响力较低，可以尝试通过理事、专家、志愿者、服务对象等进行介绍。

非营利组织要对资助方的情况进行研究，研究和分析它们的利益诉求，并确定目标对象。将机构自身情况、项目情况与资助方要求进行比较，在诸多资助方中筛选出匹配度较高的资助方。

（三）建立资助方数据库

在获取潜在资助方信息之后，要建立和定期更新资助方数据库。将筹款人员的个人资源整合成为组织的筹款资源，这样才能避免因人员变动对筹款稳定性的影响。在筹款人员卸任、离职时，要做好资助方信息的交接工作。在潜在资助方数据库中，要记录资助方的联系方式、资助项目名称、资助领域、资助周期、招投标信息等。

五、制作筹款材料

非营利组织在确定筹款方案之后，要制作一份筹款材料，这份筹款材料是面向潜在资助方和社会的。对于不同的资助方，这份筹款材料是可以通用的。筹款材料主要是明确表述项目的意义和社会价值。

（一）筹款材料准备的策略

筹款材料的准备要注意以下一些问题：

（1）有一个好的筹款标题。标题要言简意赅，让人一目了然，最好能有创意。

（2）有感染力，能够打动潜在捐赠人。筹款文案要真实、生动，选择有代表性和感染力的故事素材，讲好项目故事。

（3）逻辑清晰，尽量用数据进行分析展示。

（4）体现出机构的优势和特色，比如解决问题方案的特色、团队构成的特色、项目运营管理的特色。

（5）展示项目的资金投入、产出和结果影响之间的关系。

（二）筹款材料的内容

筹款材料的内容主要有以下方面：

1. 机构介绍

机构介绍包括成立背景、使命和宗旨、团队介绍、机构发展战略规划、专业方法与技术手段、以往实施项目和工作经验、筹款工作规划等，便于资助方了解机构的总体情况。

2. 项目建议书

项目建议书主要内容是想要解决的社会问题、项目实施团队、受益人的人数、项目实施步骤、项目预算、成果评估指标等。

3. 合作方式

合作方式主要是提出可能的合作方式，比如资金、物资、人员等方面。

六、制定筹款活动方案

在筹款工作中，可以举办具体的筹款活动进行筹款，这就要制定一个周密的、操作性强的活动方案。

（一）筹款活动方案的内容

筹款活动方案的主要内容包括：活动主题、活动目的、活动时间和地点、参与人群、成本预算、活动组织分工、进度计划等。

（二）筹款活动方案的要求

筹款活动方案要符合以下要求：要有明确的筹款目标；明确筹款活动形式，比如义卖、义赛、筹款晚宴、运动筹款等；明确筹款活动的参与人，邀请潜在捐赠人、知名人士等参加。

如果是重大的筹款活动，还需要经过理事会同意和政府主管部门审批，并且向社会公开筹款的预算和成本情况。

七、开展筹款宣传

非营利组织的筹款是一个传播的过程，包括机构宣传、项目宣传和活动宣传。受众很看重活动宣传，这是非营利组织得到受众支持的重要前提。如果一个组织在社会上有良好的品牌形象，会让筹款工作变得更容易。

在筹款宣传中，可采取以下策略：①重点通过机构自媒体平台进行项目发布，结合门户网站、某些社群的微信群、论坛等进行发布。②结合社会氛围和新闻热点，多元化地传播自己的公益项目，推动社会共同解决问题。③注意吸引媒体参与宣传报道，找到合适的传播点，搭配使用传统媒体和社会化媒体。④用一个故事，引发公众对某一之前不为人知群体的关注，推动政策和社会资源去关注这一群体。⑤寻找一张有视觉冲击力的照片，让受众有身临其境的感觉，有利于打动受众。

八、开展筹款活动

在确定筹款活动方案之后，非营利组织根据方案的内容，设立专门的筹款部门和负责人，开展筹款活动。非营利组织要确认自己是否具有公募资质，在法律上要符合筹款要求。在筹款活动中，有针对性地使用互联网筹款、联合劝募、众筹等方式进行筹款。要重视捐赠用户体验，在构建捐赠场景的基础上，给予捐赠者愉悦感和成就感，从而愿意持续地进行捐赠。

对于筹集到的货币资金，应按照货币资金的数额及时入账；对于筹集到的非货币资金，要对资产进行验资和评估，合理确定其价值，并进行会计记录。

九、回报和感谢捐赠者

筹款的关键是要做好人的工作。非营利组织在收到捐赠之后，要注重对捐赠者的回报和感谢，使捐赠者感受到参与慈善事业的光荣与快乐。捐赠者在有了好的捐赠感受之后，还能带动自己身边的人进行捐赠。

非营利组织对捐赠者的回报主要有几种途径：

（1）发送感谢的邮件、短信、贺卡。比如：在过年的时候向捐赠者发送电子邮件或贺卡，如果可以让接受救助的孩子写这张卡，则可以让捐赠人在感动之余，增加对项目的信任度。

（2）在网站或媒体上对捐赠行为进行报道，授予捐赠者荣誉称号，发放奖状或证书。

（3）邀请捐赠者参与本组织的活动，使其成为机构的长期伙伴。

（4）对资助不同金额的捐赠者给予不同回报，对回报做到“个性化”。根据筹款中的“二八定理”，对大额捐赠人给予特别关照。

十、落实捐赠协议

项目的执行、管理和反馈对筹款有重要影响。在筹款完成之后，非营利组织要履行对捐赠者的承诺，精心地组织项目实施，高质量地完成项目工作，将善款用到实处，这是下一次筹款能够成功的前提。如果只是有好的筹款，而没有好的项目执行，筹款将很难持续下去。

（一）项目运作要体现专业性

对于外界资助的项目，非营利组织要认真落实，保质保量地完成。项目运作要体现出专业性，有调研、执行、监督、评估等必备的环节。

（二）制定项目管理制度

非营利组织要制定和完善捐赠资金管理办法、项目管理办法等制度，并严格执行和管理。捐赠资金分为限定性资金和非限定性资金。对于限定性资金，要按照捐赠协议的要求，在规定的期限内，落实相应的公益项目。在捐赠资金使用过程中，非营利组织要加强票据管理，完善收款凭证、入库凭证、支付凭证等的管理，定期对有关文件和凭证进行查验。

（三）保障捐赠者的知情权

在项目实施中，要保障捐赠者的知情权。尽可能及时向资助方通报项目的实施情况，让资助方及时了解项目进展和资金使用情况，也就是钱什么时候花了、花到哪里了、花钱的目的是否实现。机构的反馈工作做得好，能凸显对捐赠人的重视，对维护与捐赠人关系很有帮助。

非营利组织可以邀请资助方参加项目活动，实地考察，接触服务对象；通过互联网技术手段，及时地、可视化地将项目进度和成果展示给资助方，建立捐赠人的专属微信群；对项目进行监测和评估，注重收集项目效果数据，将项目评估结果反馈给资助方；接受捐赠者的问责，使他们了解项目的效果，为今后的长期合作打下基础。

第三节　非营利组织的筹款渠道

非营利组织的筹款渠道是指非营利组织向谁筹款，也就是潜在资助方。有些非营利组织过度依赖某一方的大额捐赠，一旦无法继续获得该资助方的捐赠，机构的发展即面临终止。一个组织随着逐步发展，应具备更加多元化的筹款渠道，具有比较大额和稳定的资金收入，即使某个资助方撤出，其他资助方仍然能够给予支持，以防止发生资金风险。

非营利组织的筹款渠道包括外部筹款渠道和内部筹款渠道。外部筹款渠道包括向政府筹款、向基金会筹款、向企业筹款、向个人筹款；内部筹款渠道包括向会员筹款、服务性筹款、投资性筹款。不同的筹款渠道，其捐赠的动机、需求和条件都不一样。非营利组织要了解不同筹款渠道的特点，总结它们对项目的要求，在筹款的时候选择有针对性的策略。

不同类型非营利组织的筹款渠道有所不同：民办非企业单位的筹款渠道主要是服务性筹款、向政府筹款、向基金会筹款；公募基金会的筹款渠道主要是向企业筹款和向个人筹款；社会团体的筹款渠道主要是向会员筹款。

一、外部筹款渠道

（一）向政府筹款

政府资助是非营利组织的重要资金来源。由于非营利组织具有非营利性，它们可以和政府结成合作伙伴关系，接受政府委托承接公共服务事项。

1. 政府资助的现状

政府资助有多种形式，包括直接拨款、项目委托、政府采购、公益创投等。我国政府购买服务的现状是：

（1）政府购买服务发展速度较快。近年来，我国政府购买服务的发展较快，绝大多数省份都开展了政府购买服务。非营利组织可以主动申请政府购买服务项目，包括中央政府和地方政府的购买服务项目，重点是各级民政部门、残联、工会、共青团等。

（2）政府部门资助领域的范围较广，但具有较强的地域限制。

（3）政府资助受政府年度工作计划和财政预算计划的制约，支出标准受财政标准的制约，对项目的财政审计比较严格。

（4）政府每年的资助重心随政策的变化而变化，项目资助不够稳定。

（5）政府资助的通常只是项目资金，不资助行政经费等日常运营成本。

2. 政府资助的条件

非营利组织的项目获得政府资助，通常需要满足以下条件：

（1）是在民政部门正式登记注册的非营利组织。

（2）有明确的项目建议书，项目建议书的质量较高。

（3）符合政府资助的方向和项目领域。

（4）能够提供解决社会问题的方案。

（5）能提供专业性的社会服务。

3. 向政府筹款的策略

非营利组织在向政府进行筹款的时候，可以采取以下策略：

（1）项目书的写作要周密、细致。政府购买服务的资助工作（比如项目评估、现场监测、财务审核）通常是委托给第三方机构来具体管理，而第三方机构又依托于专家进行评审，专家意见在其中起到了重要作用，专家对项目建议书的形式比较关注。

（2）设计立足于社区的服务项目。政府的资助更看重解决社区基层的实际问题，能协助政府进行社会治理创新。

（二）向基金会筹款

基金会作为非营利组织的一种类型，也可以为非营利组织提供资金支持。非营利组织除了向国内的基金会申请资助以外，也可以向境外基金会以及境外基金会代表机构申请资助。近年来，我国基金会尤其是非公募基金会的数量增加较快，项目资助的范围越来越广。

1. 基金会的分类

基金会的运作模式和资助模式对非营利组织筹款的影响很大。以资金使用方向为标准，基金会可以分为三类：

（1）运作型基金会。运作型基金会是在筹款后，自己直接运作项目。

（2）资助型基金会。资助型基金会是在筹款后，将资金用于支持非营利组织开展公益服务项目，推动非营利组织的项目开展。

（3）混合型基金会。混合型基金会是二者的混合，既有自己运作的项目，也有支持非营利组织开展的项目。

2. 基金会资助的现状

我国基金会资助的主要现状是：

（1）资助型基金会的数量较少。尽管目前我国资助型基金会的数量还比较少，但向资助型基金会转型是未来的发展趋势，非营利组织可以给予关注。2013—2015 年，由民间公益组织发起的《中国基金会评价榜》对我国资助型基金会的数量和资助情况进行了全面调研，并提供了资助型基金会的名单。

（2）基金会资助分为项目资助和机构资助两种。项目资助是将资金用来执行公益项目，为受益人群提供服务，比如南都公益基金会、中华少年儿童慈善救助基金会都有项目资助。机构资助是资助非营利组织的人力费用和行政办公费用，其中，有些基金会重点资助人力费用，比如北京银杏公益基金会的“银杏伙伴成长计划”、浙江敦和慈善基金会的“公益优才计划”、福建林文镜慈善基金会的“榕树伙伴成长计划”；有些基金会重点资助行政办公费用，比如西部阳光基金会的“桥畔计划”。

（3）资助工作的专业性强。由于基金会本身就是非营利组织，它们对同行的现状和需求比较了解，而且长期深耕于某一业务领域，资助工作往往比较专业。

（4）基金会的资助工作透明度不高。虽然基金会的运作日益透明和开放，但其资助工作（如资助条件、资助标准、资助程序等）仍有一定程度的封闭性。

3. 基金会资助的条件

基金会的资助金额和资助政策的稳定性较高，但对非营利组织和项目的要求也较高。非营利组织在向基金会筹款的时候，通常要满足基金会设定的若干要求，主要包括：

（1）项目要符合基金会的特定资助领域。每个基金会都有自己的资助领域或者所关注的社会群体，比如扶贫救助、文化、教育、医疗、科技等领域中的若干领域，一般不会资助所有的公益领域。非营利组织应寻找可能资助自己项目领域的基金会进行筹款。

（2）机构要符合基金会的公益理念。基金会更愿意资助与自己公益理念相近的非营利组织。

（3）符合捐赠人的意志导向。基金会获得的捐赠分为定向捐赠和非定向捐赠。基金会如果将定向捐赠资金用于资助项目，要符合捐赠人的意愿。

（4）项目要具有可持续性和可复制性。项目要能够长期做下去，能够被规模化复制，具有较强的示范效应。

（5）机构要建立项目的质量管理机制和绩效评估机制。机构要具有较强的团队能力，有较强的项目执行能力。

（6）机构要具备较高的透明度和完善的治理结构。机构的团队能力强，公信力较高。

4. 向基金会筹款的策略

非营利组织在向基金会进行筹款的时候，可以采取以下策略：

（1）主动与基金会进行沟通。非营利组织要有充分的信心，通过上门拜访、邮件沟通、电话沟通、参加论坛等方式，主动与基金会接触，与之建立长期的伙伴关系。

（2）在业内建立良好的口碑。有些基金会可能会通过业内渠道，对符合条件的非营利组织主动给予资助。非营利组织要有完善的治理结构、较高的透明度和良好的信誉，这样就会有比较好的口碑，从而更容易获取项目支持。

（3）参加公开招投标。有些基金会定期发布招投标文件，明确说明资助的项目领域和金额以及申请方式，非营利组织可以注意这些机会，积极进行项目申报。

（4）精心准备项目建议书。项目建议书的内容主要包括机构简介、项目建议（对项目内容的描述，要突出其专业性和创新性）、项目预算、团队人员等。

（三）向企业筹款

非营利组织与企业合作，除了可以获得资金，还可以获得设备设施、志愿者、专业人士、技术支持（比如财务会计、IT 技术、信息数据处理）等多种形式的支持。相对于政府而言，企业（尤其是私营企业）的决策效率较高，资金使用灵活性高。企业的数量多、资金比较雄厚，在我国的社会捐赠总额中，企业捐赠所占的比例较大。

1. 企业捐赠的动机与现状

企业除了营利以外，也很强调承担社会责任，“企业公民”理念强调一个公司将社会价值与日常商业实践相结合。企业捐赠行为的动机，不像个人捐赠那么“单纯”，它是一种战略慈善，往往具有“交易”“交换”的色彩。企业的捐赠行为主要是基于塑造品牌形象、提升品牌价值、打造企业文化的考虑，也就是通常所说的“软广告”。企业捐赠能够有助于企业战略目标的实现，同时也能够回馈社会。在信息化社会，如果某个企业的营收排名和捐赠排名差距太大（比如营收额排名前列的企业，但捐赠额排名靠后），常常会遭受网友的质疑，这会给企业带来负面影响，企业也不得不考虑这个因素。

目前，我国的大型企业通常都设有专门的企业社会责任（CSR）部门，有一定的企业社会责任预算，有的还定期发布企业社会责任报告。同时，一些企业成立了自己的非公募基金会。有些企业在公募基金会下面设立了专项基金，自己直接做项目或开展项目资助工作。企业捐赠行为的主要形式有：①直接对社会弱势人群进行帮助，向他们捐款捐物。②通过非营利组织的渠道，先将款物捐给非营利组织，再由它们将款物交给受益人。政府通常鼓励企业的公益捐赠行为，并给予税前扣除的优惠政策。

2. 企业资助的条件

企业在选择资助的公益项目时，对非营利组织的品牌有很高的要求，大型企业都希望与有影响力的公益品牌合作。只有双方在品牌上形成对等性，才具有相互沟通及合作的基础。

3. 向企业筹款的策略

非营利组织向企业筹款时，可以采取以下策略：

（1）考虑项目与企业本身业务的匹配度。非营利组织在具备一定项目积累和社会影响力的情况下，寻找与企业文化契合的公益活动或项目。

（2）主动了解企业的 CSR 政策，充分了解企业的动机和需求，并且最好有一定的人际关系。

（3）非营利组织如果具有公益性捐赠税前扣除资格，可以提高筹款的成功率。按照《企业所得税法》的规定，企业发生的公益性捐赠支出，在年度利润总额 12%以内的部分，准予在计算应纳税所得额时扣除。为捐赠企业开具捐赠发票，可以节省企业的成本，更有利于筹款。

（4）在项目设计中，动员企业的员工参与进来。

（5）协助企业进行品牌形象宣传。如在大型活动开展中，资助企业进行冠名、鸣谢支持单位等。

4. 与企业合作的风险

非营利组织与企业合作中，也面临着一定的风险：

（1）非营利组织自身的非营利性和公益性受到影响。如果非营利组织把过多精力投入到商业活动中，其原本的使命和价值观会发生偏移，组织的公众形象会受到损害，从而使来自其他方面的捐赠减少。

（2）在合作中不对等，使非营利组织成为企业的附庸。企业的规模和资金量都超过非营利组织，非营利组织很可能在合作中受到企业控制，蜕变为企业经营行为的一部分或附属物。

5. 与企业合作的选择策略

非营利组织在选择与企业合作或筹款的时候，要有所选择。

（1）合作企业要合法经营，不要与非法经营的企业合作。

（2）合作企业要认同非营利组织的使命、价值观和项目目标。

（3）合作企业有比较好的品牌形象，其产品、服务和行为对社会有积极影响。

（四）向个人筹款

国际上很多知名非营利组织的主要资金都是来自于个人捐赠，比如“绿色和平”“乐施会”。非营利组织以广泛的个人捐赠作为主要收入来源，有利于保持自身作为第三部门的独立性。个人筹款也是培育全社会公益文化的重要部分，是非营利组织具有社会基础的重要体现。

根据2016年出台的《中华人民共和国慈善法》规定，非营利组织向非特定社会公众募捐，需要具备公募资格，而我国大多数非营利组织不具备这一资格，通常采取与公募基金会合作募捐的方式开展公募。挂靠公募基金会进行筹款，通常会被收取3%~5%的服务费。由于互联网的便捷性，我国非营利组织向公众进行筹款，主要采取互联网筹款方式。

1. 个人捐赠的动机与现状

在个人捐赠的主体中，既包括企业家和文体明星（即富人），也包括普通公众。个人的捐赠行为与企业有很大不同，个人捐赠的动机是基于个人的同情心，即所谓“恻隐之心，人皆有之”，或者为了实现个人的社会目标与理想，以及社会责任感、宗教信仰。

在我国，公众对公益事业的态度和意识还比较模糊，个人捐赠仅占总体捐赠的30%左右，来自企业的捐赠占总体捐赠的70%左右，这一比例与美国正好相反。我国公众的捐赠文化和习惯尚未形成，在很多普通人的眼中，慈善捐赠是富人们的事，而与自己无关。在个人捐赠中，带有强制行政色彩的动员式募捐占了很大一部分，尤其是针对体制内的公务员、事业编制人员和国企员工，这很容易使公众产生逆反心理，在内心形成对公益捐赠的排斥。2008年我国的个人捐赠总额首次超过了企业捐赠总额，但这主要是受“5·12”汶川地震的影响。

随着社会物质财富的增多，公众对精神、文化和自我实现的需求越发强烈。而且，由于互联网和智能手机在全国广泛普及，个人的捐赠活动变得更加方便快捷。同时，“微公益”理念正在逐渐深入人心，个人捐赠将是一个很有潜力的市场。

2. 向个人筹款的策略

非营利组织向个人筹款时，可以采取以下策略：

（1）先打好自身基础再面向公众筹款。向公众筹款的门槛较高、压力较大，稍有不慎就容易形成负面效应，非营利组织最好先通过向政府和基金会筹款打好自身基础，再向公众进行筹款。

（2）找准筹款的项目类型。目前，我国个人捐赠的公益项目类型，主要集中在儿童大病救助、西部贫困儿童助学、地震救灾救济等领域的项目。其原因主要在于，这些项目的“公众泪点”指数比较高，更容易打动捐赠者的内心。

（3）不是向所有人筹款，而是找到自己的支持者。任何一个非营利组织的筹款项目都不可能得到所有公众的支持，只要有一个稳定的社群持续给予支持，就很不错了。

（4）做好机构和项目的品牌传播。非营利组织的品牌公信力很重要，要使受众能够相信自己，了解大众的偏好及捐赠倾向，要对机构和项目进行持续性的宣传，利用好电视、广播、报纸杂志、户外广告、新媒体等媒介，同时做好项目资金使用的信息披露工作。

（5）捐赠金额的标准化。要将捐赠设计成标准化的形式，比如捐十元能做什么，捐 100 元能做什么，使个人的捐款能够更加简单易懂、清晰明了。

（6）注重捐赠支付的便捷性。在互联网兴起之前，公众捐赠主要是通过现金支付、邮局汇款和银行汇款的方式，费时费力。2013 年后，网银支付、支付宝、微信支付、短信支付等支付方式的使用，使捐赠行为变得更加便捷，非营利组织要注重这些支付手段的使用。

（7）邀请明星或有影响力的人士担任形象大使，带动社会公众的捐赠。

(8) 要注重筹款及项目实施的参与性和互动性。让捐赠人及其家庭成员能够作为志愿者参与到公益服务中，打造“体验式公益”，使捐赠人获得更多的成就感和价值感。

(9) 筹款活动注重贴合社会热点，吸引公众关注。

二、内部筹款渠道

(一) 向会员筹款

非营利组织向会员筹款，主要是指收取会员会费。会员会费是社会团体的主要收入来源，社会服务机构和基金会不是会员制组织，不能收取会费。根据我国在1998年颁布的《社会团体登记管理条例》的规定：社会团体在成立时，要有至少50个个人会员或单位会员，个人会员和单位会员混合组成的，会员总数不得少于50个。社会团体在制定章程时，可明确规定会员具有缴纳会费的义务。会费包括单位会员会费和个人会员会费。根据我国的规定，由社会团体根据章程规定的业务范围、工作成本等方面，自主制定会费标准。

在实践中，会员缴纳会费的情况往往是以社会团体向会员提供服务的优劣为基础的，如果社会团体不能向会员提供应有的服务，会费的实际收缴率会比较低。

(二) 服务性筹款

服务性筹款，是非营利组织通过开展服务或销售产品而获得收入。服务性筹款的运作，类似于社会企业的运作方式。在服务性筹款中，要做的工作主要是明确市场目标定位、进行产品设计、提高产品质量、定位目标客户、价格设计、建立消费者关系、拓展销售渠道。服务性筹款主要有服务收费和销售产品两种渠道。

1. 服务收费

服务收费是非营利组织的重要筹款途径之一，在社会服务机构的收入结构中占比较高。非营利性是指非营利组织不以营利为目的，但是它们可以开展经营性活动，也可以向服务对象收费，只不过不能在组织成员间分配利润，利润可以用于提供公益服务和维持自身发展。在实践中，很多非营利组织（如医院、培训学校、养老院、康复中心等）提供的服务都是收费的。为了凸显自身的非营利性，有些非营利组织采取差别化的收费机制，对低收入者减免收费，对于普通人群正常收费。

2. 销售产品

这种模式主要是让弱势人群进行商品生产，解决他们的就业和生计问题，并获取收入和利润，然后再把利润投入到公益服务中。比如，有些残疾人组织会生产一些手工艺品，销售给社会大众，获得持续性的资金收入。需要指出的是，很多非营利组织虽然有理念、有服务人群，但如果没有专业技术，也很难成功。

（三）投资性筹款

非营利组织（主要是企业举办的非公募基金会）通常将部分资金进行投资，以实现资金的保值增值。有些基金会的人员工资和办公经费就是来源于投资收益。我国在 2004 年颁布的《基金会管理条例》中对基金的保值增值有明确规定："基金会应当按照合法、安全、有效的原则实现基金的保值、增值。"保值增值的形式主要有存款生息、购买国债、股权投资等。非营利组织不以营利为目的，其保值增值的收益是为了促进公益服务和组织发展。当前，为了规避风险，大部分非营利组织将资金存在银行获取利息。

第四节　非营利组织的筹款方式

以前，我国非营利组织的筹款方式以政府行政动员方式为主，带有较强的行政化色彩，缺乏筹款的主动性和创新性。而且，传统的筹款方式更多是与"悲情""痛苦"联系在一起。

近年来，我国非营利组织的筹款方式不断创新，越来越多地使用社会化的筹款方式，使筹款活动更加具有趣味性、参与性和创新性，更加遵从和符合慈善事业的发展规律、本质特征。与此同时，国外的某些筹款方式对于中国的非营利组织而言还不太适用，不符合中国社会的文化及心理特点，也不具备合法性和可操作性，比如群发邮件募捐、群发短信募捐、群发信函募捐、挨家挨户劝募等方式。

目前，我国非营利组织使用较多的筹款方式主要有：面对面筹款、互联网筹款、签订月捐计划、联合劝募、公益众筹、举办主题活动筹款、运动筹款、体验式筹款、虚拟交易筹款、产品化筹款等。

一、面对面筹款

面对面筹款，是在特定场所对特定对象进行的面对面筹款的方式。面对面筹款是一种比较传统的筹款方式，多数是在公共场所，比如街头、社区、商场、写字楼等，进行一对一或一对多的筹款。欧美国家的公益事业经过多年发展，面对面筹款已经成为最重要的筹款方式之一。相对于互联网筹款，面对面筹款的优势在于，可以打造一个合适的公益场景，比较有利于互动传播和及时反馈。面对面筹款能够培养公众的公益热情和捐赠意识，从而在社会上营造良好的公益氛围。

面对面筹款和互联网筹款可以做到优势互补。在公众接受了公益项目之后，再通过互联网的方式去参与；即使是开展得比较好的互联网筹款项目，也要结合面对面筹款做好线下推广工作。

二、互联网筹款

世界已经进入互联网时代，互联网、智能手机在我国已经得到普及，目前多数非营利组织的筹款活动都是依托于互联网开展，即“互联网+公益”。在目前的公众互联网捐赠中，手机移动端的捐赠占绝大多数，标志着公益筹款的移动互联网时代已经到来。

互联网给非营利组织提供了低成本、快速扩张的机会，降低了非营利组织筹款的成本，促进了公众对公益活动的广泛参与。相对于其他捐赠方式，互联网捐赠更加便捷、安全，可以使整个捐赠过程实现较高的透明度。

（一）我国的主要互联网筹款平台

非营利组织如果能够掌握互联网筹款的方法，可以有效扩大筹款数额。目前，我国有多个互联网筹款平台，比如腾讯公益、淘宝公益、蚂蚁金服公益平台、新浪微公益、轻松筹等平台。这些筹款平台的搭建，实际上是为非营利组织分担了筹款成本。以下介绍两个比较重要的互联网筹款平台：

1. 新浪微公益

新浪微公益依托于新浪微博的传播功能，是一个具有筹款功能的互联网公益平台，善于借助明星的号召力去推广公益项目。2013 年雅安地震后，新浪微公益 72 小时为 16 个公募基金会的 32 个微公益项目筹款超过 1 亿元，显示了互联网筹款的巨大优势。

2. 腾讯“99 公益日”

“99 公益日”是腾讯公益主导发起的一项参与面较广的公益活动。其特点是，非营利组织在成功筹款之后，腾讯及其整合的企业、基金会再配捐一定比例的资金，使筹款资金达到了放大效应。比如，在 2015 年首届“99 公益日”，腾讯共拿出 9 999 万元配捐资金，以 1∶1 的比例对公益项目进行配捐。2016 年第二届“99 公益日”，腾讯的配捐资金达到 1.999 9 亿，并且引入了更多企业的配捐资金，与公众捐赠形成了 1（公众捐赠）∶1（企业配捐）∶X（腾讯配捐）配捐模式。[①] 在 2017 年第三届“99 公益日”中，1 268 万人次的公众捐款 8.299 亿，腾讯加企业配捐合计 4.769 9 亿，公众捐款首次大幅超配捐，公众捐款与配捐占比 174%，为 6 466 个公益项

① 马明月 .99 公益日，你如何看待这场“公益狂欢”？［EB/OL］. 凤凰公益，（2017-07-20）. http：//gongyi. ifeng. com/a/20170720/44653730_ 0. shtml.

目贡献出力量。[①] 2018年第四届“99公益日”，为了提供更丰富的趣味公益交互方式，新增了家乡公益、爱心加倍卡、集小红花、捐行为公益、明星短视频互动等玩法，共有超2 800万人次的爱心网友，为5 498个公益项目献出力量。[②]

由于互联网募捐是公募行为，非营利组织需要与合法的公募机构合作，才可以开展公开募捐。而且，还要由公募机构向民政部认定的募捐信息平台进行报备。这些互联网筹款平台负责对公益项目的审核，并且要求非营利组织对公益项目的实施情况进行定期公示。

（二）互联网筹款的策略

1. 适合在互联网进行筹款的项目

某些项目比较适合在互联网进行筹款，主要包括以下四类：①贴近公众生活的项目；②结合当前社会热点事件的项目；③具有紧迫性的、急需解决的救急类项目；④易于进行故事性传播的项目。

2. 不适合在互联网进行筹款的项目

某些项目不适合在互联网上筹款，主要包括以下两类：①锦上添花型的兴趣提升类项目。比如针对青少年音乐、绘画特长的培训，捐赠人往往不认为这是急需解决的问题，更适合受益人自己付费。②单纯的宣传倡导类项目。这类项目的经费主要用于会务费、专家费、场地费等，服务效果的显现不够直接。

三、签订月捐计划

签订月捐计划，是鼓励个人以每月小额捐赠的方式支持公益项目，推动捐赠人的持续捐赠行为。通过这种捐赠方式，可以使非营利组织有更加

---

① 舒迪．推动公益成为更多人的生活方式：“99公益日”回归日活动在京举行［N］．人民政协报，2017-10-31.

② 迈入“理性公益”时代 2018年99公益日捐款人次超2 800万创新高［EB/OL］．腾讯网，(2018-09-10). https：//xw. qq. com/LXF/20180910000761/LXF2018091000076100.

稳定的捐赠者和资金来源。

很多人在有了偶尔的捐赠行为之后，开始定期地按月进行捐赠，将捐赠变为一种固定化的行为。签订月捐计划，是以银行业务为支持平台，爱心人士通过签署委托扣款协议书，银行按照其承诺的捐赠额度，按月从银行账户中划出一定数额的捐款，捐赠给非营利组织。在我国，深圳壹基金公益基金会、腾讯公益、中国扶贫基金会、广州市慈善会等都有月捐计划的项目。

四、联合劝募

（一）联合劝募的概念

联合劝募，是非营利组织联合起来或委托专门机构进行统一筹款，再将筹集的资金按照需求分配给非营利组织，并对善款使用情况进行监督。联合劝募对促进非营利组织的筹款很有帮助，当前，很多非营利组织需要资金，但是没有公募资质，没有专门的筹款人员，缺乏筹款所需要的资源和预算。联合劝募可以降低非营利组织的筹款成本，减轻它们的筹款负担，使其可以集中精力做项目。联合劝募还可以减少企业经常被各种组织劝募的烦扰，帮助其筛选有公信力的项目。

（二）联合劝募在国外的发展历程

在国际上，联合劝募已经有100多年的发展历史。1873年，联合劝募起源于英国利物浦，当地20个社会团体联合起来举办慈善劝募活动，再把捐款分配给会员机构。1887年，联合之路（United Way）在美国丹佛成立。1974年，国际联合之路（United Way International）成立。2009年，美国联合之路（United Way of America）与国际联合之路合并为全球联合之路（United Way Worldwide）。全球联合之路是会员制组织，为了规范会员发展和管理工作，全球联合之路制定了成为会员的基本标准。全球联合之路为会员进行筹款和财务等方面的培训，搭建会员与国际跨国企业的关系，促进共同合作。

（三）我国联合劝募的发展现状

在我国，联合劝募的发展历程只有十年左右时间，而且规模比较有限，主要是由一些公募基金会发起，其重点是与草根组织共享公募资质和为其提供免税发票。2009年，上海市公益事业发展基金会（联劝）成立，目的是支持草根组织发展，并发起了“一个鸡蛋的暴走”联合劝募活动。2013年5月，中国社会福利基金会成立了联合劝募中心，为非营利组织打造联合劝募平台，吸纳了几十家非营利组织参与。

我国的联合劝募可以为非营利组织提供的服务包括：①协助链接资源。有些公募基金会是全国性基金会，社会影响力比较大，其联合劝募平台可以协助非营利组织拓展企业捐赠和政府项目等。②提供公募资质。在互联网筹款成为主流的情况下，是否具有公募资质将影响到筹款数额的多少。新浪微公益、腾讯公益等网络筹款平台只是开放给有公募资质的机构，一般的非营利组织很难使用。通过加入联合劝募，给这些公益项目做认证，一般的非营利组织也可以通过这些平台进行筹款。

（四）联合劝募面临的挑战

联合劝募模式也面临一定的挑战：①这种先统一捐赠、然后再分配的模式，与一般的捐赠模式不同，捐赠人在捐赠时不知道资金的最终使用去向，而且向捐赠者反馈信息的步骤更多。很多捐赠人未必愿意接受这种资金使用模式，这要求联合劝募机构有很强的公信力。②联合劝募平台的管理比较复杂，对参与联合劝募的非营利组织的整合协调比较困难。

五、公益众筹

众筹包括商业众筹和公益众筹，公益众筹是众筹的一种。“众筹”即大众筹款，是指利用网络平台动员广大公众力量，支持某些由个人或组织发起的项目的筹款模式。2009年4月，Kickstarter网站在美国纽约成立，这是世界上最早的众筹平台。此后，众筹在全球发展迅速，日益成为一个重要产业。我国比较知名的众筹网站有点名时间、追梦网、众筹网、乐童音乐和大家投等。其中，2011 年成立的“点名时间”是我国成立最早、规模最大的众筹网站。

公益众筹是互联网金融工具的一种延展。公益众筹在很大程度上借鉴了商业众筹的模式。但是，公益众筹和商业众筹仍有一定的区别：①发起项目的目的不同。商业众筹的项目是为了获取商业回报，公益众筹的项目是非营利性的，为了实现社会公益使命。②回馈方式不同。商业众筹的回馈方式主要是金钱和股权，公益众筹的参与者基本都是无偿捐赠。

众筹引入了“全或无”的筹款规则，项目设计者必须设定项目筹款的截止时间，若在截止期限之前筹集到所有的资金，就可以获得全部项目资金；如果没能筹集到全部资金，则筹款失败，之前所筹集到的所有资金必须退还给捐赠者。

非营利组织采取众筹模式进行筹款有很多好处。众筹本身就是一种很好的营销方式，使公益项目更加吸引外界关注，从而得到资助方的支持。众筹可以增强非营利组织与捐赠人之间的互动，使公益项目与参与者之间形成更加密切的关系。因此，公益众筹可以使公益项目更加趋向市场化和透明化。

六、举办主题活动筹款

非营利组织可以通过举办主题活动进行筹款，比如义卖、义演、义赛、义拍等。义卖、义演、义赛、义拍都是公募行为，根据我国法律要求，只有具备公募资质的公募机构才可以发起。在主题筹款活动中，主办方是以公益为目的举办活动，并且向受众收取一定的费用，消费者可能是出于支持公益事业的心态付费，也可能是基于市场交易的动机。

主题活动筹款的声势或规模通常较大，很容易使主办方成为万众瞩目的焦点，有利于扩大机构的影响力和品牌。但是，有些主题活动的成本较高，结果可能是入不敷出。而且，仓促举办的主题活动筹款的失败几率比较高，比如门票销售惨淡、义拍品价格过低等，从而损害了机构的公众形象。

（一）义卖

义卖，是指个人或组织以公益为目的，将自己的或募捐来的物资进行销售，再把所得用于公益事业或项目上的一种行为。比如，有的公益机构举办以关爱孤独症儿童为主题的义卖活动，将孤独症儿童创作的画作衍生品进行义卖，将义卖收入用于对孤独症儿童的服务。

（二）义演

义演，是指组织邀请演艺人员进行演出，艺人不收取或者收取很少的演出报酬，主办方将演出收益捐赠给公益事业或公益组织的行为。比如，1993 年 4 月 18 日，中央电视台在北京人民大会堂举行“减灾扶贫创明天”大型义演，我国香港地区很多一线明星参与了义演。

（三）义赛

义赛，是指主办方邀请运动员或体育队伍进行比赛，运动员或体育队伍不收取或者收取很少的出场费，主办方将所得的门票收入捐赠给公益事业或公益组织的行为。比如，2005 年 1 月 15 日，“让世界充满爱”中国乒乓球队、中国羽毛球队为印度洋海啸赈灾义赛在北京举行，义赛汇聚了乒乓球、羽毛球的前世界冠军、奥运冠军和所有的现役国手。

（四）义拍

义拍，是指主办方把有价值的物品进行拍卖，将拍卖所得捐赠给公益事业或公益组织的行为。比如，2015 年 5 月 17 日，由中华少年儿童慈善救助基金会主办、北京水哲生文化艺术发展有限公司承办、北京润德尚品国际拍卖有限公司执行的首届“大爱无声”公益慈善救助义拍活动在京举行，国内外企业家 300 余人参加慈善义拍。该次拍卖艺术家捐赠作品的所得，全部用于贫困地区少年儿童的药物性耳聋残疾预防。

七、运动筹款

（一）运动筹款的概念

运动筹款，是指以跑步、徒步、越野、马拉松等运动形式进行筹款，其特征是大型、户外、群体性参与。运动筹款在鼓励参与者锻炼身体的同时，动员自己的身边人共同支持公益，为公益项目筹集善款。运动筹款的参与人基本上都是捐赠者，这有利于通过活动促进非营利组织与捐赠人之间的合作关系。

（二）我国运动筹款的发展现状

在国际上，运动筹款活动的开展已有较长历史。我国运动筹款的发展历程不长，近几年来，一些公募基金会组织的运动筹款活动较多。比如，上海联劝公益基金会于2011年发起的“一个鸡蛋的暴走”徒步筹款活动，中国青少年发展基金会于2012年发起的“挑战8小时”徒步筹款活动，中国灵山公益慈善促进会和灵山慈善基金会于2013年联合主办的“为爱行走”徒步筹款活动，深圳壹基金公益基金会于2013年发起的“为爱同行”公益健行活动，中国扶贫基金会于2014年发起的“善行者”徒步筹款活动，阿拉善SEE公益机构于2014年发起的“穿越贺兰山”公益筹款行动，等等。这些运动筹款活动基本上每年举办一次，所覆盖的城市和人群越来越多。

（三）运动筹款的优势

与其他筹款方式相比，运动筹款的参与人数多、重视传播、重视客户关系。通过运动，有利于打造非营利组织的品牌形象，促进公众对公益项目的认知和参与，推动公众捐赠的发展。运动筹款更加注重运动中的互动性和参与性，使参与者能够调动更多朋友共同加入进来。比如在中国青少年发展基金会“挑战8小时”活动中，选手以个人身份进行劝募，筹集的善款用于中西部小学体育园地的建设。凡报名的选手，在赛前的指定日期募集到象征性的金额，即可获得徒步参赛资格。比赛过后，选手仍有一个月时间进行劝募。中国青少年发展基金会设置了相应的众筹端口，参赛选手只需登录官网，将链接转发至微博、微信，即可动员公众力量进行众筹。

（四）运动筹款面临的挑战

运动筹款模式也面临着诸多挑战：①活动组织成本较高。很多运动筹款活动的参与者达到上千人，要组织这样的大型活动，需要大量的后勤辅助人员、秩序维护人员和医疗救助人员，需要得到一定的资金赞助，多数非营利组织不具备这样的条件。②协调工作量较大。大型户外活动需要得到当地政府部门的审批，报备流程较长，活动过程中出现突发状况的几率较高。

八、体验式筹款

体验式筹款，是通过让参与者亲身体验受助群体的感受的方式，使参与者认识到受助群体的处境，从而激发其捐赠行为。

比如，2014 年由美国棒球运动员皮特·弗拉泰斯（Pete Frates）发起的“冰桶挑战”，旨在唤起公众对于“肌萎缩侧索硬化症”（ALS）的关注。该活动要求参与者在网络上发布自己被冰水浇遍全身的视频内容，然后该参与者便可要求其他人来参与这一活动。被冰水浇遍全身的感觉就接近于“渐冻人”的经历与感受，从而倡导大家为渐冻人奉献爱心。我国的公益活动也在尝试使用体验式筹款的方式，2014 年 10 月在首个国家扶贫日来临之际，中国扶贫基金会向全社会发出“饥饿 24 小时全民公益活动”倡议书，邀请参与者 24 小时不进食，体验饥饿，以表达对贫困弱势群体的关注。

九、数据库筹款

数据库筹款，是指通过收集和积累客户信息，经过分析筛选之后，采用电话、电子邮件、短信和信件等方式，对筹款对象进行深度挖掘和关系维护的筹款方式。非营利组织可以提取邮政、银行、电信、零售商和报纸杂志等渠道的筹款对象数据，经过筛选后发送劝募信息，并追踪筹款对象的反应，再经过多次筛选和数据的长期滚动来锁定捐赠人，进行深入了解，明确其关注的公益项目领域。

十、虚拟交易筹款

虚拟交易筹款，是指非营利组织通过研发特定产品进行虚拟交易的形式进行筹款。比如，2013 年在淘宝网上销售的“白雪可乐”，它并是非实体商品，而是为了救助一名叫“白雪”的重症再生障碍性贫血患者。白雪的丈夫黄伟夫构思出销售虚拟“白雪可乐”为她募款的思路，在淘宝上售卖虚拟的“白雪可乐”，售价为每瓶三元。全国各地的爱心人士通过认购“白雪可乐”的方式，为白雪捐赠了 51 万多元的救助资金。

十一、产品化筹款

产品化筹款，是指非营利组织把捐赠标的标准化、透明化，公众以近似买产品的形式进行捐赠。例如，中国扶贫基金会推出的“爱心包裹”产品，分为学生型美术包（价值 100 元）、学校型体育包（价值 1 000 元）和学校型音乐包（价值 1 000 元）。由于每个包裹的价格是固定的，而且采取一对一的助学方式，捐赠人可以更加放心和便捷地进行捐赠。

关键术语

筹款　公信力　二八定理　捐赠者递进层次理论　专业筹款人　筹款渠道
资助型基金会　筹款方式　面对面筹款　互联网筹款　签订月捐计划
联合劝募　公益众筹　主题活动筹款　运动筹款　体验式筹款　数据库筹款
虚拟交易筹款　产品化筹款

复习思考题

1. 非营利组织筹款的概念是什么？

2. 非营利组织筹款的原因有哪些?

3. 非营利组织筹款需要具备哪些前提?

4. 非营利组织筹款的原则有哪些?

5. 筹款理念经历了哪几个发展阶段?

6. 非营利组织筹款管理的工作流程是什么?

7. 非营利组织的筹款渠道主要有哪些?

8. 非营利组织的筹款方式主要有哪些?

第八章　非营利组织的项目管理

【本章提要】

本章介绍非营利组织的项目管理，共分为两节内容：第一节是非营利组织项目管理的概念和特征，主要介绍项目的概念、特征和类型，项目管理的概念和特征、层次和知识领域，非营利组织项目管理的概念和特征、类型和作用。第二节是非营利组织项目管理的流程，主要介绍非营利组织项目的计划、项目的筹资、项目的启动、项目的实施及监测、项目的评估、项目的结束。

随着我国公益慈善事业的迅速发展，外部资源更多地通过项目化的方式对非营利组织给予资金支持，项目化成为当前非营利组织发展的一个重要趋势。实际上，很多非营利组织的业务活动就是由多个项目所构成的。以项目形式实施的服务活动，有利于明确服务的目标、实现部门之间的相互协作、促进资源的有效利用，并且能够提升服务的规范性、降低服务的成本、提高服务的效率。

非营利组织在管理运营中，不仅要注重服务能力的提升，还要重视通过有效的项目管理提高服务效率，达到服务目标。非营利组织应建立项目的组织架构，组建和锻炼项目的核心团队，建立项目管理制度，形成一套标准化的项目管理流程，打造自身的品牌项目，并与利益相关者建立良好的关系。

第一节　非营利组织项目管理的概念和特征

一、项目管理的发展背景

项目管理的概念起源于第二次世界大战中美国研制原子弹的“曼哈顿计划”（Manhattan Project）。二战后，美国海军在研究开发北极星号潜水艇的导弹系统时创造出项目时间管理工具——“计划评审技术”（PERT）。后来，美国国防部又创造出项目范围管理工具——“工作分解结构法”（WBS）来处理复杂的大型项目。在这一时期，项目管理主要用于国防工程和建筑领域。20世纪60年代，两大国际性项目管理协会——国际项目管理协会（IPMA）和美国项目管理协会（PMI）相继成立，对推动全球的项目管理发展起到了重要作用。[①] 20世纪70年代，项目管理开始应用于企业中。70年代后期和80年代，项目管理的技术和方法得到不断完善和发展。20世纪90年代以后，随着知识经济的到来和高新科技的突飞猛进，使得项目管理在世界范围内得以广泛应用，项目管理扩展到了社会生产生活的各个领域，极大地提高了各类组织的工作效率。近年来，项目管理在我国持续升温，对经济发展和科学研究有很大的促进作用，吸引越来越多的组织关注和应用项目管理。

二、项目的概念、特征和类型

（一）项目的概念

项目，是为提供某项独特的产品、服务或成果，投入和整合相关资源，所开展的一系列相互关联的一次性活动。项目的运用非常广泛，典型的项目如：新产品开发项目、技术改造项目、科学技术研究与开发项目、

---

① 美国项目管理协会（PMI）举办的项目管理专业人员（PMP）认证考试在全球190多个国家和地区推广，是目前项目管理领域的一项高水平认证。

员工培训项目、医疗康复项目、信息系统开发项目、农村精准扶贫项目等。

(二) 项目的特征

项目的特征比较多，主要包括：

1. 目的性

每个项目都是为实现特定目的而服务的，其目的是明确的、具体的。

2. 独特性

不同的客户有不同的要求，每个项目的产出都是具有独特性的产品、服务或成果。虽然项目之间有重叠交叉的内容，但不存在完全相同的两个项目。

3. 临时性

项目都有明确的开始时间和结束时间。项目结束后不一定会延续下去，项目大多是一次性的。但项目所产生的产品或成果具有持续性，其影响力会超越项目本身的内容。

4. 资源有限性

项目实施都要投入多种资源，包括人力、物力、资金等资源，这些资源受到客观条件的限制，其投入是有限的。

因此，项目活动不同于一个组织的日常工作，日常工作具有重复性、标准性的特征，其是由部门经理负责，按照一般计划目标执行。

(三) 项目的类型

项目有多种分类方式：

1. 按照项目的主体分类

按照项目的主体分类，项目可以分为企业项目、政府项目和非营利组织项目。企业项目是以企业为主体实施的项目，政府项目是以政府为主体实施的项目，非营利组织项目是以非营利组织为主体实施的项目。

2. 按照项目是否营利分类

按照项目是否营利分类，项目可以分为营利性项目和非营利性项目。

营利性项目是以获取利润为目标而开展的项目，非营利性项目是不以营利为目的，以公益为目标所开展的项目。

3. 按照项目的统属关系分类

按照项目的统属关系分类，项目可以分为项目和子项目。项目之间具有统属关系，一个项目可以由若干个子项目构成。

4. 按照项目的规模分类

按照项目的规模分类，项目可以分为大型项目、中型项目、小型项目。

三、项目管理的概念和特征

（一）项目管理的概念

项目管理，是为了实现特定管理目标，按照项目周期的要求，利用各种知识、技能、工具和技术，对项目及其资源进行计划、协调、领导和控制，以达到项目的要求。项目管理是以项目为中心的管理活动，将项目划分为不同的阶段，并将现代管理方法贯穿于项目的全过程。

项目中的利益相关者是与项目活动有关的人员，包括项目发起人、项目团队、高层支持者、客户、用户、供应商等，这些利益相关者有不同的需求。

（二）项目管理的特征

项目管理的特征主要包括：

1. 目的性

项目管理的目标是为了实现项目相关各方对项目的要求与期望。

2. 综合性

项目管理是对项目中各类事务的综合管理，包括成本、人事、时间、质量、风险、沟通等。

3. 时限性

项目管理有明确的周期要求，必须在一定的时间内完成。

4. 逻辑性

项目管理的各个环节具有前后逻辑关系，不是随意性的。它从需求调研、需求分析到确定项目目标，再到项目实施、项目监测和项目评估，是一个完整的逻辑链条。

5. 领导集权性

项目由项目经理进行统一管理，负责团队成员的调配和资源管理。

四、项目管理的层次和知识领域

（一）项目管理的层次

在比较成熟的组织中，项目管理可以分为多个层次，除了一般的项目管理以外，还包括项目集管理和项目组合管理。

1. 项目集管理

项目集是一组相互关联且被协调管理的项目。项目集管理是对项目集进行协调管理，以实现项目集的战略目标和利益。

2. 项目组合管理

项目组合是为了便于有效管理、实现战略目标而组合在一起的项目、项目集和其他工作。项目组合管理是最宏观的项目管理级别。项目组合管理是指为了实现特定的战略目标，对一个或多个项目组合进行的集中管理。项目组合管理的关注重点是，通过审核项目集和项目来确定资源分配的优先顺序，并确保对项目组合的管理与组织战略相一致。①

（二）项目管理的知识领域

项目管理分为多个知识领域，主要包括范围管理、时间管理、财务管理、人力资源管理、沟通管理、风险管理、质量管理、采购管理。

1. 项目范围管理

项目范围管理是为了实现项目的目标，对项目的工作内容进行控制的

① 美国管理协会．项目管理知识体系指南［M］．4 版．北京：电子工业出版社，2009.

管理过程，包括范围的界定、范围的规划、范围的调整等。

2. 项目时间管理

项目时间管理是为了确保项目能按时完成的一系列管理过程，包括活动排序、时间估计、进度安排、时间控制等。根据项目周期，对项目进行月度、季度、年度计划管理和项目生命周期管理。

3. 项目财务管理

项目财务管理制度是对项目资金的收支进行有效管理，强化资金监督机制。项目往往不止一个，要对每个项目进行独立的财务预算和核算。资金使用应当遵守国家的相关法律法规，确保资金使用能够高效、规范、合理，能向资助方和社会说明资金的使用情况。

4. 项目人力资源管理

项目人力资源管理包括组织结构规划、员工培训、员工激励、团队建设、冲突处理、人际关系技巧等。

5. 项目沟通管理

项目沟通管理要求项目管理人员能与他们的经理、客户及下属进行有效的交流。沟通的主旨在于互动双方建立彼此了解的关系，相互回应，通过沟通的行为和过程相互接纳并达成共识。项目沟通管理过程的内容包括沟通计划编制、信息分发、绩效报告、项目关系人管理等。

6. 项目风险管理

项目风险主要来自于技术与质量风险、项目管理风险、组织风险、项目外部风险。风险管理包括风险识别、风险分析、风险应对、风险监控等过程，妥善处理风险事件造成的不利影响。

7. 项目质量管理

项目质量管理要求项目管理人员熟悉基本的质量管理技术。项目质量管理可归纳为七个基本原理：系统原理、PDCA 循环原理、全面质量管理原理、质量控制原理、质量保证原理、合格控制原理、监督原理。

8. 项目采购管理

项目采购管理要符合项目需要，兼顾经济性、合理性和有效性。采购管理包括采购规划、采购组织、采购实施、采购收尾等环节。规范的采购管理可以降低成本、提高市场竞争力，还可以促进项目顺利完成。

五、非营利组织项目管理的概念和特征

非营利组织的活动不能只停留在道德层面，还要上升到技术方法层面，把公益使命和良好的项目管理结合起来，提升自身的能力。非营利组织的发展很大程度上得益于项目管理的引入，这种管理模式已经得到了资助方和受益者的共同认可。非营利组织需要通过项目的运作提供人员费用，项目有助于非营利组织解决运营经费不足的问题。

（一）非营利组织项目管理的概念

非营利组织项目是不以营利为目的的项目，即为提供某种公益产品、服务或成果，投入和整合相关资源，所开展的一系列相互关联的一次性活动。非营利组织的项目很多是公益项目，非营利组织的项目管理也被称为公益项目管理。

（二）非营利组织项目管理的特征

通过分析非营利组织项目管理与企业项目管理之间的异同，可以认识到非营利组织项目管理的特点。

1. 非营利组织项目管理和企业项目管理的共同点

非营利组织项目管理和企业项目管理的共同点主要是：①都关注目标的实现，项目都是要完成预定的目标；②都有时间的限制，都要对项目进行阶段划分；③都要考虑项目的效率和效果问题；④都对投入的人力、物力、财力等资源提前进行预算；⑤往往由第三方机构进行项目评估。

2. 非营利组织项目管理和企业项目管理的不同点

非营利组织项目管理和企业项目管理的不同点主要是：

（1）项目的目标不同。企业项目是营利性的，以利润最大化为目的，

更强调项目产生的经济效益；非营利组织项目是非营利性的，不以营利为目的，项目是因需求而存在，项目是完成组织使命的手段，更强调项目产生的社会效益。

(2) 项目的内容不同。企业项目主要是为了生产某个产品或进行某项工程；非营利组织项目主要是通过一系列有组织的活动，对受助人群产生影响及改变，这些改变包括知识、技巧、态度、行为和意向等。

(3) 项目的经费来源不同。企业项目的经费来自于市场销售或招标方拨付；非营利组织项目的经费来自于社会的捐赠、政府和基金会的资助等。

(4) 项目的评估标准不同。企业项目的评估标准主要是经济效益，其次是社会效益；非营利组织项目的评估标准首要的是社会效益，其次是经济效益。

(5) 项目运作的透明度不同。企业项目运作的透明度低，非营利组织项目运作的透明度高。

六、非营利组织项目管理的类型和作用

(一) 非营利组织项目的类型

非营利组织项目可以分为多种类型：

1. 依据项目资源来源的不同

依据项目资源来源的不同，非营利组织项目可分为两类：①自我开发项目，是项目团队经过调查研究，发现服务需要，主动设计开发的项目；②外部委托项目，是政府部门、社区、基金会等进行的招投标项目，已经规定了服务对象、服务内容、服务方法和绩效指标，非营利组织接受资助方的委托，按照资助方的要求完成项目。

2. 依据项目领域的不同

依据项目领域的不同，非营利组织项目可分为三类：①服务类项目，包括老年服务项目、青少年服务项目、残疾人服务项目、外来务工人员服

务项目等；②倡导类项目，包括研究、宣传活动等；③能力建设类项目，包括培训、工作坊、研讨会等。

3. 依据项目持续性的不同

依据项目持续性的不同，非营利组织项目可分为两类：①新开拓项目，是指首次开发的新项目，比如在新的区域实施项目或新的项目模式；②延续性项目，是指项目在运行一段时间之后，继续按照固定模式运作。

（二）非营利组织项目管理的作用

对公益活动实施项目管理，有利于非营利组织提高对公益活动的管理水平。我国已经有多个比较知名的品牌公益项目，如中国青少年发展基金会“希望工程”项目、中国妇女发展基金会“母亲水窖”项目、中国扶贫基金会“爱心包裹”项目、中国儿童少年基金会“春蕾计划”项目、中华少年儿童慈善救助基金会“9958”项目、中国人口福利基金会“幸福工程”项目、中国社会福利基金会“授渔计划”项目等。

非营利组织项目管理的作用体现在以下几个方面：

（1）通过项目设计与实施，促进组织实现宗旨使命和战略规划。

（2）在项目实施中，有效提升机构的执行控制能力。在项目体制下，各个项目组的财务和人员是相对独立的，避免了受组织内其他各种事项的掣肘，非营利组织可以集中精力进行高效率的成本控制和质量管理。所以，项目管理有利于非营利组织克服效率低下、资源配置合理性不高的弊端。

（3）通过项目中利益相关者的参与，促进利益相关者对机构的认同。

（4）通过项目实践，形成解决特定社会问题的特定方式。项目是针对特定群体的需求提供特定服务，有很强的针对性。

第二节　非营利组织项目管理的流程

非营利组织项目管理的流程包括项目计划、项目筹资、项目启动、项目实施及监测、项目评估、项目结束等环节。

一、非营利组织项目的计划

非营利组织项目管理的首要任务是项目计划。项目计划是在进行前期调研的基础上，为了满足社会需求和实现组织宗旨，形成一个具有良好构想和可操作性的项目方案。项目计划中包含活动计划、成本计划、质量计划、资源供应计划、应急计划等多种计划。在项目计划中，主要开展以下几个方面的工作：

（一）项目背景分析

项目背景分析中，要了解并分析项目运作的背景和环境。项目背景分析主要包括三部分：

1. 宏观环境分析

分析国家或所在地区所面临的发展问题有哪些，所建议的项目是否与这一背景有关。国家在这一领域的政策有哪些，项目是否体现了国家政策的导向。

2. 所属领域分析

项目领域目前发展的现状是什么，有哪些新的发展趋势和方法，同行机构有哪些先进的经验或教训。

3. 微观环境分析

项目实施地的经济、社会、文化发展情况，目标群体的现状，当地现有的政策或项目支持的情况。

（二）项目利益相关者分析

利益相关者是指与组织有一定利益关系的个人或群体，可能是组织内部的，比如员工，也可能是组织外部的，比如资助方。

利益相关者分析主要涉及以下问题：①哪些人或组织与项目有利益关系，他们的影响力与重要性如何；②利益相关者对项目有何期待；③如果未能满足其需求会导致什么结果；④需要怎么做才能达到这些期望，从而使各方的利益诉求得到满足。

（三）需求识别

需求识别是非营利组织项目计划的重要环节。有些项目并没有经过需求识别的过程，没有征求受助人群的意见，只是项目负责人“拍脑门”做决策，这就给项目实施带来了很高的风险，很可能会导致项目失败。

1. 需求识别的方法

每个项目都有特定的受助人群。项目除了有直接受益人群以外，还有间接受益人群和边际影响人群，也属于项目可以辐射的对象。比如：残疾人服务的直接受益人群是残疾人，间接受益人群是残疾人的家庭，边际影响人群还包括了残疾人身边的朋友和邻居等。

要了解这些受助人群有哪些需求还未被满足，从诸多需求中的刚性需求着手，项目才有足够的目标人群来参与。识别需求的主要方法包括：文献资料分析、访谈法、观察法、文献法、召开座谈会等。在调研中，要深入受助人群所在地区进行走访，开展焦点小组，与受助人群进行交流，全面了解受助人群的需求。可以邀请受助人群参与项目团队的工作，以及参与项目设计和组织决策，以真正了解受助人群的需求。

2. 需求分析的视角

需求分析可以采取两种视角：

（1）问题视角。这一视角从受助人群的问题入手，立足于受助人群的脆弱性，分析形成问题的原因和提出解决方案，并致力于从根本上解决问题。

（2）优势视角。优势视角又称为能力视角，是20世纪80年代西方社会工作领域兴起的一种新的理论。基于优势视角的观点，所有人都具有内在的学习、成长和改变的潜力。这一视角着重挖掘受助人群自身的优点，帮助受助人群认识到自身的优势，发挥受助人群的主体性，协助他们找到自己的目标，从而为项目的设计提供更多可能。在分析需求之后，撰写一份需求分析调研报告。

3. 需求分析的工具

常用的需求分析工具包括 SWOT 分析法和问题树分析法。

（1）SWOT 分析法。SWOT 分析法又称为态势分析法，它是一种组织内部分析方法，即根据组织自身的既定内在条件进行分析，找出组织的优势、劣势和核心竞争力，从而将组织的战略与组织内部资源、外部环境有机结合。

其中，S 代表 Strength（优势：组织有超越其竞争对手的能力和条件），W 代表 Weakness（劣势：组织不如其竞争对手的能力和条件），O 代表 Opportunity（机会：环境对组织的有利影响），T 是 Threat（威胁：环境对组织的不利影响）。

S、W 是内部因素，O、T 是外部因素。按照组织竞争战略的完整概念，战略应该是一个组织“能够做的”（即组织的强项和弱项）和“可能做的”（即环境的机会和威胁）之间的有机组合。

（2）问题树分析法。问题树分析法是以树状图形系统地分析问题及其相互关系的工具，有助于深入发现和理解问题。通过问题树分析，可以找出当前场景存在的主要问题和核心问题，还可以发现这些问题之间的因果关系。与其他问题分析工具相比，问题树分析法的特点是系统化和图示化，既能直观地看到问题发生的原因，也能方便地看出问题导致的结果。

美国麦肯锡公司研究认为，问题树分析法的实施包括五个步骤：①找出问题中存在的“核心问题”或“起始问题”；②确定导致“核心问题”或“起始问题”的主要原因；③确定“核心问题”或“起始问题”导致的主要后果；④根据以上因果关系画出问题树；⑤反复审查问题树，并根据实际情况加以补充和修改。

（四）设定项目目标

在项目计划中，要设定项目的目标，以符合受助人群的需求。有些项目之所以难以执行，就在于目标不清。项目目标是非营利组织的组织目标、受助人群目标、资助方目标的有机结合，不能只考虑单一方面的目标。

1. 项目目标的类型

项目目标主要是在社会效益、效率和质量方面的目标。

在层次上，项目目标包括总目标和分目标。总目标是大的、总体的非行动性目标；分目标是具体的行动性目标。

在时间上，项目的目标可以分为多个层级，包括长期目标（5~10年）、中期目标（3~5年）、短期目标（1~2年）。

2. 以目标为导向的项目计划

以目标为导向的项目计划是5W1H：①Why，为什么要做这样的项目？②What，项目想实现什么目标？③How，项目将以怎样的方式产生结果，如何衡量？④Which，哪些外部和内部因素对项目的成功至关重要？⑤Who，谁来实施项目？⑥Where，项目将在哪里进行？

3. 项目目标的原则

制定项目目标需要符合五个原则，即SMART原则：

（1）明确性（Specific）。目标需要明确具体，用具体的语言说明要达到的行为标准，不能模棱两可。

（2）衡量性（Measurable）。目标不是空泛的，要量化，应该有一组明确的数据，考核时可以采用相同的标准衡量，验证这些目标的数据或指标是可获得的。如果制定的目标没有办法衡量，就无法判断这个目标是否实现。

（3）可实现性（Attainable）。目标的设置不能太高，应是项目执行人通过努力可以实现的。领导者应该吸纳下属来参与目标制定的过程，以避免下属在心理和行为上对目标的抗拒。

（4）相关性（Relevant）。目标的相关性是指实现此目标与其他目标的关联情况。如果实现了这个目标，但与其他的目标完全不相关，或者相关度很低，即使这个目标达到了，意义也比较有限。

（5）时限性（Time Bound）。目标需要在规定的时间内完成，即需要说明在某个时期或时点要实现的状况。没有时间限制的目标没有办法考核，或会带来考核的不公。

4. 制定项目目标的步骤

制定项目目标分为三步：①根据项目总目标，制定若干个具体目标；②根据具体目标，确定具体的活动和任务；③根据项目的具体目标，制定项目的衡量指标。项目衡量指标是具体的、可测量的指标，也是此后项目评估和结项的依据。项目衡量指标主要是满意度指标、前后对比指标。

(五) 进行项目设计

项目设计是非营利组织项目管理的核心内容。由于需求是变化的、独特的，项目内容也应该是变化的，这就要求比非营利组织的其他例行工作更精心的设计。项目设计是对如何达到项目目标进行具体化，比如采用何种方法、开展哪些活动。项目设计的要素包括目标、时间、区域、投入、方法、成效等。项目设计工作必须要有项目实施人员参与，如果方案策划人员对项目实施过程中遇到的困难考虑不周全，就会导致项目实施遭遇困境。

在非营利组织项目设计中，除了要考虑受助人需求和项目目标以外，还要考虑以下几个方面问题：

1. 体现组织的宗旨与使命

宗旨与使命是一个组织存在的理由，在项目设计时，要充分体现组织的使命，让每个项目都成为实现组织使命的途径。

2. 自己擅长做什么

分析自己的优势和劣势，比如专业技术、管理经验、资源整合能力、公信力、政府支持、社会动员等方面。

3. 自己所拥有或可能获取的资源

资源分为内部资源和外部资源，比如人力资源、物质资源、信息资源等。

4. 利益相关者的利益

在方案策划中，要考虑利益相关者的利益，比如理事会、员工、志愿者、受益人、捐赠方、政府部门、所在社区、媒体等。为了更好地进行方案策划，项目团队可以邀请受助人群和所在社区人员共同参与。

最后，找到以上各方面因素的最佳结合点，选择自己最擅长和熟悉的业务，初步确定项目的领域、方法和方向。

（六）项目可行性分析

项目可行性分析包括项目的必要性、可操作性、合理性、实施风险等。项目的可行性决定了项目是否有实施的可能性。如果一个项目的设想很好，但是不具备实现的可能性，比如需要投入资源过多、技术难度过高、失败风险较大、工作量超过承受范围、政策法规不允许、所在社区不支持，这种项目就很难实施，项目可行性就比较低。因此，项目立项时，要充分考虑项目在操作上的易操作性和可执行性，才能便于项目在更大范围复制推广。

为了做好项目可行性分析，项目团队可以借助专家顾问进行研究和分析。在可行性分析的基础上，决定是否采纳项目设计。

（七）撰写项目建议书

在项目设计的内容基础上，撰写一份正式的项目建议书，这份项目建议书是非营利组织进行项目筹资的依托。资助方比较重视项目的产出与成果，以及如何评估和测量这种成果。项目建议书的内容主要包括：

1. 封面页

封面页包括项目名称、机构名称、联系方式、日期。其中，项目名称很重要，应该通俗易懂、便于传播。

2. 项目概要

用简短的语言，概括地说明项目的背景、目标、周期、实施区域、工作手法、受益人群等。

3. 机构简介

机构简介包括机构的基本情况、使命与宗旨、执行同类项目的经验、所具备的能力、所获奖励等。

4. 项目组织架构

项目组织架构是指项目的组织结构、执行团队、职责分工、工作流程、逻辑关系等。项目执行团队包括项目负责人、专职工作人员、财务人员、专家顾问、志愿者等。应介绍团队人员的专业背景、学历、工作经验的情况，这是项目成功的重要因素。

5. 项目背景、存在问题及需求

这部分包括项目的需求分析、受益群体现状、导致问题产生的社会环境、问题的严重性与紧迫性、项目的长远与战略意义、项目所依据的理论等。为了增强说服力，可以用统计数据和第一手调研结论进行描述。

6. 目标与产出

这一部分是针对问题的解决方案，包括项目的总体目标、阶段性目标与任务、合作单位、活动计划、方法技术、项目衡量指标、项目创新性等。对目标的陈述要清楚和切合实际，通过努力可以完成。

7. 解决方案与实施方法

为了达到目标，计划采用什么方法、开展哪些活动来实现这些目标。在介绍方法时，要论证这种方法的必要性、可行性和优越性。

8. 项目进程计划

项目进程通常包括准备阶段、实施阶段、评估阶段等，要写明项目每一阶段开始和结束的时间。按照时间顺序列明活动的具体内容，比如活动的主题、时间、地点、负责人、参与人员、资源投入等。

9. 项目监控与评估

这一部分是要发现项目执行中存在的问题，对问题进行及时纠正并加以解决。项目监控的人员可以是机构管理层、理事会、资助方或第三方机构。在项目执行的不同阶段，比如中期阶段、结项阶段，对项目的成效进行评估。监控报告和评估报告主要包括项目的进展和完成情况、预期目标与实际完成情况的比较、项目执行存在的问题、对项目实施的建议等。

10. 项目预算

项目预算包括费用预算表、财务规则、审计制度等。项目预算是实施项目进行财务收支的依据，可以了解项目实际支出和预算之间的差异。项目预算应切合实际、详细具体，能涵盖和对应项目中的所有活动。项目预算包括宣传、交通、通信、培训、材料、人员等费用。其中，人员费用可以包括专家、工作人员、志愿者的费用。

11. 附件

篇幅过长但仍然重要的内容可以放在附件。附件包括图表、名单、调研报告、数据等，还可附上机构的资质证明、荣誉证书等的复印件。

二、非营利组织项目的筹资

（一）项目筹资的渠道

项目能够获得资金支持是项目能够开展的前提条件，非营利组织都需要为项目筹集资金。非营利组织项目资金来源是多渠道的，包括政府资助、基金会资助、企业捐赠、公众捐赠、服务收费、会员会费、国际资助等渠道。目前，中小型非营利组织的项目资金来源主要是政府，少部分来自于基金会和个人，因此都很重视项目申请。与耗资巨大的工程类项目不同的是，非营利组织项目多为服务型项目，项目的资金额较小。项目申请需要经过严格审核，非营利组织需要提交项目申请书和其他相应资料。

（二）政府资助的主要形式

政府是非营利组织项目资金的重要来源，政府资助的主要形式有三种：

（1）公开招投标。非营利组织按照政府确定的项目标的提交标书和服务方案，政府对标书进行评估，选择最符合要求的机构来购买服务，并签订项目合同。

（2）政府委托。政府将一部分职能或事项交给非营利组织，直接向非营利组织委托某个特定的服务事项，与非营利组织签订协议，由政府提供经费支持。

（3）公益创投。政府提出项目的资助范围，非营利组织撰写项目书，政府组织专家对项目方案进行评审，对项目给予资金支持。在目前的政府购买服务模式中，基本都不负担“工作人员工资”，只有活动经费的预算，而且对人员劳务费的控制比较严格。

三、非营利组织项目的启动

项目是否能启动取决于是否具备了必备的资源（比如人力、物力、财力）和服务需求。在这两方面条件具备后，非营利组织项目就可以进入到启动阶段。在这一阶段，要建立项目组织、确定项目组织关键成员、制定项目管理流程。

（一）建立项目组织

建立项目组织是实施项目的保障。由于项目都隶属于组织，会受到组织结构的影响。影响项目的组织结构类型主要包括职能型、项目型、矩阵型三种。在实践中，需要视项目具体情况确定相应的机构类型。

1. 职能型项目组织结构

在职能型项目组织结构中，沟通渠道必须通过部门经理。职能型组织结构的优点是：①在人员使用上有较大的灵活性，项目协调层在部门经理级，调配人员方便；②同部门的专业人员易于交流知识和经验；③项目组成员在事业上有连续性和保障，不用担心项目结束后的去留。

职能型项目组织结构的缺点是：①精力集中于本部门的活动；②项目及客户利益往往得不到有效考虑；③项目经理没有足够的权利控制项目进展。

职能型项目组织结构适用于主要由一个部门完成的项目，以及在技术上比较成熟的项目。

2. 项目型项目组织结构

在项目型项目组织结构中，以项目的方式来组织人员。项目型项目组织结构的优点是：①项目经理对项目全权负责，能够充分调动项目内资源；②项目组团队精神得以充分发挥；③决策速度得以加快，能对客户需求和高层的意图做出更快响应。

项目型项目组织结构的缺点是：①项目成员的工作易出现忙闲不均的现象；②设备和人员不能在项目间共享，不同项目组很难共享知识和经验；③项目成员缺乏事业上的保障。

项目型项目组织结构适用于开拓型风险比较大的项目，以及进度、成本、质量等指标有严格要求的项目。

3. 矩阵型项目组织结构

矩阵型项目组织结构是在直线职能型基础上，再增加一种横向的领导关系，使一个员工既同原职能部门保持组织与业务的联系，又参加产品或项目小组的工作。矩阵型组织结构的优点是：①项目经理和职能部门经理发挥各自的优势；②资源的重复减少到最低，减少人员冗余；③项目组成员在项目完成后仍然在职能部门，不用担心解散。

矩阵型项目组织结构的缺点是：①每个项目组成员都有两个或两个以上的领导，责任不清；②多个项目共享资源时，容易引起项目经理的争斗。

矩阵型项目组织结构用在管理规范、分工明确的组织，一般用作跨职能部门的项目。

（二）确定项目组成员

项目管理的各个环节都需要人去执行，这些人组成了项目团队。项目团队是由一组成员为了实现一个具体目标而组建的协同工作队伍。项目团队强调团队精神和团队合作。项目团队具有临时性和灵活性的特征。项目团队成员应能够优势互补，虚心听取意见，有效进行自我激励。

根据项目实施的需要，项目团队的成员通常包括项目经理、项目管理人员、项目工作人员和志愿者。项目经理是对项目全面负责的人，严格控制时间、资金、人力资源等各种成本。项目经理应拥有一定的人事管理权，直接参与对项目成员的选择，决定其去留，规定项目成员的工作范围，调动项目成员的积极性。项目经理需要具有良好的管理能力和公关能力，并具备进度意识、质量意识和分工意识。在一些情况下，项目团队的成员需要同时接受双重领导。对于专业技术性强的项目，非营利组织可以聘请专家、顾问，对项目实施给予专业上的指导。

（三）制定项目管理流程

在项目开始执行前，要建立一套符合项目特点、具有可操作性的项目管理实施细则。为了控制项目质量，应制定简单而高效的流程图表、操作守则，以便于项目成员执行。

四、非营利组织项目的实施及监测

非营利组织项目的实施是组织和协调人力资源以及其他资源，落实项目管理机制，激励团队成员完成既定项目产出目标的工作。在这一阶段，项目经理要公布计划，准备资金、物资、场地、设备等，开展项目的动员和协调，按计划实施项目。与此同时，与项目实施同步进行监测。

（一）项目进度管理

项目进度管理是要控制项目各项活动的进展情况，定期跟踪检查所编制进度计划的执行情况。如果项目进度与原计划存在差距，则要分析造成这种差距的原因，采取纠偏措施，并及时向上级汇报。

（二）项目利益相关者沟通

项目团队在执行项目时，要处理好利益相关者的各种需要和期望。项目团队要主动与利益相关者进行沟通，获得利益相关者的支持。为了确保机构管理层和利益相关者对相关信息的了解和便于决策，要建立定期的沟通机制。定期沟通主要通过举行会议、视频电话、邮件组等形式。

1. 对于项目资助方

项目资助方是项目的购买者。非营利组织与项目资助方是委托和受托的关系，如果处理不好与资助方的关系，就会给项目带来不利影响。项目中如果存在问题，应按照互利互惠的原则，通过友好协商，实现问题的圆满解决。

2. 对于项目受助人群

项目受助人群是项目的使用人或受益人，即特定的服务群体。要注意对受助人群的分析和筛选。受助对象的资料主要来自于两个方面：一是机构自己的摸底；二是政府有关部门提供的名单，比如由民政部门提供的低保家庭名单，由残联提供的残疾人名单。

3. 对于所在社区

所在社区是项目实施的区域范围，通常以社区为单位。非营利组织要与所在社区保持沟通，社区的支持是活动顺利开展的保障。

（三）项目风险管理

项目都具有风险性，这是由项目的独特性和不确定性造成的。非营利组织项目的抗风险能力较弱，处于被动地位。非营利组织项目所处的外部环境往往具有不确定性，项目常受到外在因素（如法律、政策、人员、资金等多方面）影响，任何一方面出现问题，都可能导致项目风险。项目风险将导致项目调整，项目变更和变动会造成组织的损失。因此，在项目实施中要注意控制风险。在风险控制中，要识别项目的内外部风险，对内外部风险进行评估，根据风险评估的结果进行调整。

1. 项目执行中可能的风险

非营利组织在执行项目中，可能出现的风险主要包括：

（1）偏离目标风险。项目的实施结果偏离了预定目标，没有产生预期的效益，甚至产生了相反的结果。这种问题产生的原因主要是外部干预或项目执行人违规操作，防范的方法是对项目实施程序进行严格的监督与检查，对项目执行人进行监控，发现问题及时纠正。

（2）法律政策风险。法律法规的修改或废止，社会领域政策的改变，新的法律法规政策的出台，都可能会影响项目的存在与发展。

（3）项目合作风险。在项目执行中，项目合作单位或利益相关者不再与项目团队合作、不再支持项目时，项目将发生中断的风险。

（4）资金使用风险。资金使用风险主要出现在管理层的违规上，在资金使用上没有按照预算执行，实际支出超出了预算，资金使用混乱，或未能做到公开透明，将导致项目失去资助方的信任。因此，非营利组织必须建立严格、规范的财务管理制度，要做到财务透明。

2. 非营利组织项目的风险管理方法

非营利组织项目的风险管理包括风险预防和风险控制两个层面。风险预防侧重于事前防范，风险控制侧重于事后补救。非营利组织项目的风险管理应以预防为主，通过建立风险预防机制，来有效预防项目风险的发生，这些机制主要包括：

（1）建立执行标准。项目执行标准应规范化、制度化，根据具体的标准和制度来推动项目执行。如果要变更项目执行，应该进行充分的论证，避免擅自变通执行。

（2）加强监督工作。通过监督发现项目执行中的问题，及时进行项目调整，使项目执行符合项目目标。

（3）保护受助人群利益。非营利组织项目的目的是为受助人群提供帮助和服务，在风险发生后，首要的是保护受助人群的利益不会受损。

（四）项目调整变更

在项目执行初期，由于对项目信息的掌握具有不完全性，开展项目的过程是一个逐步探索的过程。在项目进行过程中，会暴露出项目的一些问题，这就要改变原来的计划，进行微调。

（五）项目监测工作

在项目执行的同时，要开展监测工作，定期或不定期地了解项目的实际工作绩效。项目监测的目的是确保项目的活动与项目目标保持一致，发现执行中的不足，及时完善和调整，同时也为项目评估提供依据。

项目监测的内容包括：项目是否按照计划执行；项目进展和阶段性成果是否达到预期目标；项目执行中的档案记录情况。项目监测的方法包括：定期情况反馈和信息上报、实地检查和访问、档案抽查等。

在监测工作中，应密切跟踪项目实施的过程，对实施情况与项目目标之间的差异进行分析。如果存在超前或滞后的情况，应分析对工作的影响以及导致产生差异的原因。如果出现的情况是在风险管理计划之内，则可以启动风险管理计划。

五、非营利组织项目的评估

（一）非营利组织项目评估的概念

为了规避风险和实现目标，项目团队必须开展项目评估。项目评估是对已完成的项目工作，由机构自身或第三方机构对项目的实施过程、成效和影响所进行的系统分析。项目评估在固定的时间点进行，往往有一次或多次。在评估结束后，由评估小组出具项目的评估结论报告。在完成对项目的评估后，可以看出项目的设计是否合理，为今后项目的完善提供依据。

（二）非营利组织项目评估的作用

开展项目评估是项目团队对工作结果负责的体现。项目评估的作用体现在：

1. 让执行方判断自己的项目是否达到了预期目标

项目评估涉及合同管理，即项目是否按照项目书进行推进。

2. 避免项目执行的风险

通过项目评估，可以检查项目的进展情况，预测、识别和分析项目的风险，并据此提出应对方案，使项目主体和资助方避免不必要的风险。

3. 有利于项目的进一步完善

能够对项目上一阶段的工作进行总结和反思，并对下一阶段的工作内容做出调整和部署，实现对项目的不断改进和完善，以达到最佳的绩效目标。

4. 对项目执行人员进行评价

进行项目评估，也是对项目执行人员进行监督和评价的过程，能够找出自身的长处与不足。当然，项目效果不佳，不一定是项目执行的问题，也可能是项目设计的问题。

5. 好的评估结果可以推动筹资工作

如果能够获得对项目效果的有力证明和数据，则可以配合项目的筹资和宣传，得到资助方及公众的认可。

(三) 非营利组织项目评估的分类

根据不同的分类标准，非营利组织项目评估有多种分类方式：

1. 根据评估方法的不同性质

根据评估的不同主体，非营利组织项目评估可以分为：

(1) 自我评估。这种方式是由项目团队或项目机构进行的评估。

(2) 第三方机构评估。这种方式是委托给第三方机构进行的评估。

(3) 资助方评估。这种方式是由项目资助主体进行的评估，评估结果是决定能否给予资助的依据。另外，由于非营利组织项目主要是面向受助人群，在很多时候，也会邀请受助人群参与评估过程。

2. 根据评估的不同阶段

根据评估的不同阶段，非营利组织项目评估可以分为：

(1) 项目前评估，即在项目开展以前进行的评估。

(2) 项目跟踪评估，即在项目进行中对项目进行的评估。

(3) 项目后评估，即项目结束后对项目进行的评估。

3. 定量分析、定性分析

根据评估方法的不同性质，非营利组织项目评估可以分为：

(1) 定量分析。定量分析的结果具有准确性和客观性的特点。采取定量分析的方法需要具备两个条件：一是设置量化评估指标，这一评估指标能够准确地反映所代表的内容；二是设立参照组，项目组和参照组之间的结果差异才是项目产生的变化。

（2）定性分析。参与定性分析的人群要有代表性，能够有均等的代表性参与定性讨论。

（四）非营利组织项目评估的指标

非营利组织项目的评估指标应该尽量从受益群体的角度进行设计。由于非营利组织项目的非营利性，其评估标准不同于企业项目的评估标准，不适合以盈利情况、利润率、市场占有率等经济指标作为评估项目的标准。

非营利组织项目的评估指标主要包括：

1. 项目的效益与效率

非营利组织往往缺乏成本管理思维，应考查项目的投入（人力、物力、资金以及其他资源）与项目的产出结果之间的关系，以及获得这种产出的速度。

2. 服务对象的改变程度

项目是否产出了有效的结果，服务对象的状况是否得到了明显的改善，是否提高了受助人群的能力、知识或参与能力。

3. 项目的可持续性

在项目结束后，该服务是否能够依然存在并持续运作。

（五）非营利组织项目评估的方法

在非营利组织项目的评估中，可以使用直接观察法、焦点小组法、个人访谈法、问卷调查法等方式进行评估。项目评估往往是这些评估方法的综合运用，使用单独一种方法很难做出全面的评估。

六、非营利组织项目的结束

非营利组织项目的结束以完成项目移交为标志。项目都有是生命周期的，不可能无限期实施。项目在立项时就要设计好退出机制，即项目在达成何种效果时，非营利组织就退出项目运作。当项目的需求不复存在，或非营利组织不再具备实施能力、资助方不再资助项目的时候，项目就应该退出了。

在项目周期完成后，非营利组织应进行项目的总结工作，比如撰写项目总结报告、资料存档、制作项目简报、成果汇报等。在项目管理中，非营利组织要做好项目管理文件的归档和保存，形成统一规范的文档格式，一方面能够方便查阅和提高工作的效率，另一方面可以积累项目经验，便于在更多地方复制推广。

项目总结报告的内容主要包括：项目目标达成情况、项目执行方法和过程、主要指标对比情况、项目有无变更、项目的具体成效、受助人获得的提升、受助人问卷调查或书面反馈、媒体报道、问题及建议、财务结算、附录等。如果项目实际达成的与计划达成的有差距，则要说明发生这种差距的原因。此外，非营利组织还应进行项目的经验总结和反思，进而能够完善后续项目或产生另外一个新项目。

关键术语

项目　项目管理　利益相关者分析　需求识别　优势视角　问题树分析法　项目目标　项目设计　项目可行性分析　项目建议书　项目实施　项目监测　进度管理　风险管理　项目评估　项目结束

复习思考题

1. 项目的概念是什么？
2. 项目的类型包括哪些？
3. 项目管理的概念是什么？
4. 项目管理的知识领域有哪些？
5. 非营利组织项目管理和企业项目管理有哪些共同点和不同点？

6. 非营利组织项目管理的流程是什么？

7. 非营利组织的项目建议书主要包括哪些内容？

8. 非营利组织项目评估的作用有哪些？

参考文献

［1］ BENJAMIN GIDRON，RALPH KRAMER，LESTER M. Salmon. Government and The Third Sector ［M］. San Francisco：Josser – Bass Publishers，1992.

［2］ LEVETT T. The Third Sector：New Tactics for a Responsive Society ［M］. New York：AMACOM，1973.

［3］ ROBERT WUTHNOW. Between States and Markets：The Voluntary Sector in Comparative Perspective ［M］. Princeton：Princeton University Press，1991.

［4］ SALAMON L M，ANHEIER H K. Global Civil Society：Dimensions of the Nonprofit Sector ［M］. Maryland：The John Hopkins University，1999.

［5］ SALAMON L M. The Rise of the Non-profit Sector ［J］. Foreign Affairs，1994，73（4）.

［6］ 布迪厄，等．实践与反思［M］．李猛，等译．北京：中央编译出版社，1998.

［7］ 菲利普·科特勒，艾伦·R. 安德里亚森．非营利组织战略营销［M］．北京：中国人民大学出版社，2003.

［8］ 弗雷德·R. 戴维．战略管理［M］．8 版．李克宁，译．北京：经济科学出版社，2001.

［9］ 迈克尔·A. 希特．战略管理：竞争与全球化［M］．北京：机械工业出版社，2002.

［10］ 迈克尔·波特．竞争战略［M］．北京：华夏出版社，1997.

[11] 莱斯特·M. 萨拉蒙，等. 全球公民社会非营利部门国际指数[M]. 陈一梅，等译. 北京：北京大学出版社，2007.

[12] 斯蒂芬·P. 罗宾斯．管理学［M］.7版．北京：机械工业出版社，2013.

[13] 詹姆斯·P. 盖拉特.21世纪非营利组织管理［M］．北京：中国人民大学出版社，2003.

[14] 美国管理协会．项目管理知识体系指南［M］.4版．北京：电子工业出版社，2009.

[15] 北京市国际税收研究会．世界部分国家所得税制和遗产税制鼓励公益捐赠［J］．国际税收参考，2011（9）．

[16] 陈德权．社会组织管理概论［M］．北京：清华大学出版社，2016.

[17] 邓国胜．非营利组织评估［M］．北京：社会科学文献出版社，2001.

[18] 邓正来．国家与社会：中国市民社会研究［M］．成都：四川人民出版社，1988.

[19] 胡铁军，姜锋．公益众筹，怎样才能不变味？［N］．南国早报，2016-03-11.

[20] 黄浩明．非营利组织战略管理［M］．北京：中国人民大学出版社，2003.

[21] 黄晓勇．中国民间组织报告［M］．北京：社会科学文献出版社，2013.

[22] 黄志杰．慈善微革命：中国慈善发生了什么？［J］．瞭望东方周刊，2013（36）．

[23] 贾西津．第三次改革：中国非营利部门战略研究［M］．北京：清华大学出版社，2005.

[24] 康晓光，冯利．中国第三部门观察报告［M］．北京：社会科学

文献出版社，2013.

［25］康晓光．非营利组织管理［M］．北京：中国人民大学出版社，2011.

［26］李炳秀．非营利组织内部治理机制研究［D］．长沙：湖南大学，2004.

［27］李学举．用十七大精神统一思想 充分发挥社会组织在现代化建设中的重要作用：在全国社会组织建设与管理工作经验交流会上的讲话［J］．社团管理研究，2007（3）．

［28］李维安．非营利组织管理学［M］．北京：高等教育出版社，2005.

［29］林万亿．福利国家：历史比较的分析［M］．台北：巨流图书公司，1994.

［30］刘培峰，谢海定．民间组织发展与管理制度创新［M］．北京：社会科学文献出版社，2011.

［31］马庆钰，廖鸿．中国社会组织发展战略［M］．北京：社会科学文献出版社，2015.

［32］马庆钰．中国非政府组织发展与管理［M］．北京：国家行政学院出版社，2014.

［33］沈新华．社会组织筹资流程分析［J］．中国民政，2010（10）．

［34］沈新华．构建社会组织全方位筹资渠道模型［J］．中国社会组织，2009（6）．

［35］陶传进．社会公益供给：NPO、公共部门与市场［M］．北京：清华大学出版社，2005.

［36］王名．非营利组织管理概论［M］．北京：中国人民大学出版社，2010.

［37］王名．社会组织论纲［M］．北京：社会科学文献出版社，2013.

［38］王名．中国民间组织 30 年：走向公民社会 1978—2008［M］．北

京：社会科学文献出版社，2008.

[39] 王名．社会组织概论［M］．北京：中国社会出版社，2010.

[40] 王名，刘培峰．民间组织通论［M］．北京：时事出版社，2004.

[41] 王名，刘国翰，何建宇．中国社团改革：从政府选择到社会选择［M］．北京：社会科学文献出版社，2001.

[42] 王绍光．多元与统一：第三部门国际比较研究［M］．杭州：浙江人民出版社，1999.

[43] 王绍光，何建宇．中国的社团革命：勾勒中国人的结社的全景图［J］．浙江学刊，2004（6）.

[44] 王绍光．政治文化与社会结构对政治参与的影响［J］．清华大学学报（哲学社会科学版），2008（4）.

[45] 王世强．社会组织法律法规与政策［M］．北京：首都经济贸易大学出版社，2017.

[46] 王锡忠，顾建龙．社会组织内部治理的危机与出路［J］．中国社会组织，2016（11）.

[47] 魏於钰．我国社会组织人力资源开发与管理研究［D］．杭州：浙江大学，2012.

[48] 吴东民，董西明．非营利组织管理［M］．北京：中国人民大学出版社，2003.

[49]《中国民间组织年志》编辑委员会．中国民间组织年志首卷（下）［M］．北京：中国社会出版社，2005.

[50] 曾强．非营利组织筹资问题研究［D］．厦门：厦门大学，2008.

[51] 张霞．非营利组织管理［M］．济南：山东人民出版社，2005.

[52] 赵黎青，等．非营利部门与中国发展［M］．香港：香港社会科学出版社，2001.

[53] 周俊．社会组织管理［M］．北京：中国人民大学出版社，2015.

[54] 周晓红．谁为志愿者的安全负责．绿色家园［J］．2003（12）.